JN273827

民衆と天皇

坂田 聡
吉岡 拓

高志書院選書 9

山国・黒田地域地図
南丹市←
→滋賀県
京都市街
広河原
杓子屋
西谷
馬場谷
小塩
初川
片波山
片波
宮
上黒田
春日神社
卍常照寺
下黒田
春日神社
井戸
大野
蘇武谷
伊佐波山
灰屋
芹生
金毘羅山
比賀江
塔
護国神社
辻
鳥居
中江
山国神社
下
大堰川
京北町
0
3000

はじめに——本書のテーマとアプローチの視角——

『民衆と天皇』。本書のタイトルを見て、天皇の方が先、いや、天皇が上にくるべきだろうと感じる読者も多いことと思う。だが、実は民衆の方が先にくるこのタイトルにこそ、本書のねらい、私たち二人の主張が込められている。

いうまでもなく、天皇家をめぐる問題については、学問的な議論にとどまらず、政治的な立場の対立も含めて、戦前以来、枚挙に暇《いとま》がないほどの議論がなされ、その論点も多岐にわたる。これらの議論の全体像を詳細に跡づけることは、本書のテーマからズレてしまうが、題名に天皇と冠した以上、最低限の説明は必要だろう。そこで、厳密性に欠ける強引な整理だとのそしりは重々承知の上で、これまでの議論をあえて無理矢理に分類してみると、以下の二つの立場に大きく分けることができる。

一つは、古代以来今日に至るまで連綿と続く天皇の地位の「万世一系」性を重視し、これこそが日本の伝統そのものだとみなす立場である。それは、天皇が統治する日本という国家を手放しで美化する戦前の皇国史観に系譜を持つが、最近ではどちらかというと、象徴天皇制の「定着」といった事態の進行を受けて、権力者としての天皇ではなく、日本の文化や宗教的祭祀の中心軸・シンボルとしての天皇の「万世一系」性を強調する文化論的な議論がクローズアップされてきている。

もう一つは、マルクス主義的な天皇制論の系譜を引き、近年のナショナリズム論や国民国家論とも深く関わる立場である。こちらは、天皇制がすぐれて近代の産物であり、近代に創出された「国民」統合のための政治的な装置であったことを重視する。そこでは、近代国民国家による統治システムとしての天皇制を核心に据えて議論が展開されるため、天皇の「万世一系」性などはあまり問題視されず、武家が政治権力を握っていた時代にも天皇の系譜が途絶えずに続いた「事実」については、時々の権力者による天皇の権威の政治的な利用といった、多分に偶然的な要因を強調する説明がなされるにすぎない。

この二つの見解の対立は、単に右か左かといった政治的なレベルでの立場の違いだけで片付けられる問題ではない。より学問的に突き詰めると、日本独特の生活文化や伝統を重視する「日本特殊性論」の立場に立った天皇論か(前者)、はたまた、個別の地域や民族の違いを超えた世界史レベルでの国民国家の普遍性・共通性を重視する「普遍性論」の立場に立った天皇論か(後者)の違いとして把握できる。

少し詳しく説明すれば、前者の立場と後者の立場の対立は、民族を「エスニシティ」(エトノス)としてとらえる天皇論(前者)と、「ネイション」としてとらえる天皇論(後者)の違いとみなすこともできよう。「エスニシティ」も「ネイション」も、日本語に訳すとみな「民族」となるが、前者は言語・生活習慣・文化等の一定の共通性にもとづく社会集団を指し示す概念であり、したがって、前近代においても「エスニシティ」は存在する。一方、後者は「想像上の共同体」として立ち現われた近代国民国家のメンバーを意味する「国民」とほぼ同義の概念であり、当然ながら「ネイション」なるものは、近代に固有の歴史的産物だと考えられている(民族と「ネイション」をめぐる諸問題については塩川[二〇〇八]を参照)。

こういった大きな問題にこれ以上深入りするのは差し控えたいが、忘れてならないことは、一見したところ決定的に対立するかに見える両者の立場が、実は本質的な部分で意外にも共通するという事実である。それはどのようなことか。ひと言でいえば、どちらの立場も天皇と民衆の関係性を論ずる際、あくまでも天皇が主体で、民衆は単なる客体にすぎず、「天皇、あるいは天皇の威を借りた時々の政治権力者により、民衆はいかに教化され、支配されたか」といった論理構造をとっているのである。

私たち二人が問題としたいのは、まさしくこの点にある。本書の題名が『天皇と民衆』ではなく、『民衆と天皇』となっているのは、こうした理解を逆転させ、地域社会において特権的な地位を保持した有力住民による、自らの権益確保のための営為が、結果として、戦国時代以降も天皇の地位が存続した、一つの、それもかなり重要な要因となった事実を、戦国時代から近代に至る長いスパンで明らかにしたいと考えたからにほかならない。

もちろん、民衆を主体に据えて、民衆が天皇をどのように認識し、いかなるプロセスを経て天皇を受容したかという観点から、民衆と天皇の関係を通時代的に論ずる作業が、文字通り「言うは易く、行うは難し」の難問だということは、十分に承知している。

だからこそ私たちは、「民衆にとっての天皇」なる問題を歴史的に論じることが可能な唯一のフィールド、京都市右京区京北の現山国地域・現黒田地域の事例を素材にして、この問題と格闘することにしたのである。

ここで本書のフィールドについて補足すると、二〇〇五年に、いわゆる「平成の大合併」をするまでは、京都府北桑田郡京北町に含まれており、さらに遡ると、北桑田郡の山国村と黒田村とからなる同地（以下、旧山国村の範囲を本郷〔八ヶ村〕あるいは山国地域、旧黒田村の範囲を枝郷黒田三ヶ村あるいは黒田地域と表記する）は、京都市内とはいっても、昔の国名でいえば、市街地が所在する山城国にではなく、丹波国に属する。

京都市の中心部から同地に至るには、晩秋ともなれば紅葉狩りの観光客で賑わう高雄の神護寺や栂ノ尾の高山寺といった名刹を経て、北山杉の美林を抜ける周山街道ルートが一般的だが、右に左にカーブが続く山あいの道を車で一時間ほど北上して、周囲を丹波山地の山々に囲まれた同地にたどりつくと、そこには、私たちがイメージする古都とはまるで別世界の、のどかな田園風景が広がっている。

秋たけなわの一〇月上旬の日曜日。山国地域（本郷）では「山国さきがけフェスタ」というイベントが盛大に催され、たくさんの見物客が沿道を埋める。この行事は五穀豊穣を祝う秋祭りでもあり、山国地域内の鳥居集落（現京都市右京区京北鳥居町）に鎮座する山国神社をあとにした神輿が各集落（本郷八ヶ村）を勇壮に練り歩くさまは、それだけでも一見の価値があるが、他の地域の秋祭りでは見ることができない最大のアトラクションは、何といっても山国隊の行進である。

山国隊。それは山国地域の歴史を物語る上で欠かせないキーワードであり、同地のシンボルといってもよい。戦国時代の山国・黒田地域は、山国荘《やまぐにのしょう》という名の禁裏《きんり》領（天皇家直轄領）荘園《しょうえん》であった

山国さきがけフェスタ

（以下、山国・黒田の両地域を合わせて山国荘地域〈中世〉、または山国郷地域〈近世〉と呼称する）。この山国荘の名前が一躍有名になったのは、明治維新の戊辰戦争のおりに組織された山国地域の農兵隊──それは、山国隊と呼ばれた──が因州藩の傘下に入り、何名もの犠牲者を出しながらも、その一部は遠く仙台まで転戦したことによる。「山国さきがけフェスタ」というイベント名も、山国隊の隊士たちがかぶった陣笠に「魁《さきがけ》」なる文字が刻まれていたことに因んで名づけられたものだが、この祭りにおいて、山国隊の功績を顕彰するために、行軍のおりに奏でられた鼓笛のメロディに合わせて、隊士に扮した住民の方々が行進するさまは圧巻であり、あたかも明治維新のさなかにタイムスリップしてしまったかのような心持ちになる。

このように、山国荘の故地は中世以来、天皇家との結びつきが強い土地柄であって、そこには民衆と天皇の関係を論ずる上で参考になる史料が時代を超えてたくさん残されているが、こうした史料的条件に恵まれた場所は、実のところ他にはまったく見当たらない（そもそも、同じ地域で中世から現代に至るまで連続して史料が残るケース自体、山国荘地域以外には、全国どこを探してもほとんどない）。その意味で同地は、本書のテーマにうってつけのフィールドだといえる。

それでは、何はともあれ読者のみなさんを、山国荘の歴史世界にご案内しよう。なお、本書の執筆分担だが、主に中世から近世前期にかけての一章～四章を坂田が、主に近世後期から近代にかけての五章～九章を吉岡が、それぞれ担当した。

目　次

目　次

一　民衆の家と天皇——家と家格の成立——

本題に入るにあたり、まずは中世（鎌倉・室町時代）における民衆と天皇の関係について、これまでどのような議論がなされてきたか、ごく簡単に振り返ることにしよう。

この問題にもっとも精力的に取り組んだのは、著名な中世史研究者網野善彦である。網野は、中世の非農業民、具体的には商人や職人、芸能民、海の民、山の民をはじめ、主として農業以外の生業にたずさわり、山野河海や市場・港・道など、特定の私的な支配者が存在しない「無主・無縁の場」を活動の舞台とした遍歴の民の実像や、彼らが果たした社会的な役割を丹念に調べあげた。そして、彼ら非農業民と天皇との結びつきについての興味深い研究成果を次々と世に問うた［網野 一九八四］。

では、非農業民と天皇の関係を、網野はどうとらえているのか。私なりに要約すると、以下のようになる。

（1）中世の非農業民の中には、貴族や大寺院、武士といった領主（私的な支配者）に隷属することなく、食物や生産物などを天皇に献上する見返りとして、諸国を自由に遍歴し、商売をする特権を天皇から与えられた「供御人《くごにん》」と呼ばれる人々が多く含まれており、その地位は天皇によって公的に保障されていた。

（2） 一四世紀に日本中を巻き込んで争われた南北朝の内乱を境にして、天皇の権威が急激に低下するとともに、非農業民の社会的地位も、それと歩調を合わせて低下し、彼らの一部は被差別民として社会の底辺に位置づけられてしまった。

そして、武家が政権の一翼を担うようになり、天皇の政治的な権力が古代と比べて弱まった中世にあっても、なお天皇の地位が存続しえた理由を、網野は時の為政者による天皇の権威の政治的な利用などといった一般論に求めるのではなく、非農業民の活動舞台としての「無主・無縁の場」に対する天皇の公的な支配権が、時代を超えて根強く存続した事実に求めたのである。

網野の天皇論には、批判的な意見を持つ研究者も数多く見受けられるが、天皇という地位がはるか古代から今日に至るまで、ともかくも続いている理由について、網野が民衆史の問題とからめて真正面から本格的に論じたことには、はかりしれない意義があり、それは本書が拠って立つ歴史理解にも大きな影響を与えている。

ただ、民衆と天皇の関係と言った場合、網野が強調してやまない非農業民と天皇の関係を論ずるだけでは不十分であり、やはり、江戸時代以前においては人口の多数を占めていた農民も視野の中に入れて論ずることこそが、この問題をめぐる最重要課題となるのではないだろうか(以下、中世・近世を通じて、農民・非農業民を問わず、年貢をはじめとする租税を貢納することによって、自立的な経営を維持した民衆を百姓と呼称する)。

1　民衆の家の成立過程

百姓の家の成立と天皇　そこで、本書においては天皇が政治権力を喪失した戦国時代以降も、なお天皇家が存続した理由の一端を明らかにすることを目指し、戦国時代から近現代にまで至る四百～五百年間という長いスパンで、民衆と天皇の関係性について具体的に論じることにするが、その際、議論の出発点として取り上げたいのが、百姓の家の成立にかかわる問題である。

それにつけても、本書の題名は『民衆と天皇』であって、その書き出しの部分でいきなり「百姓の家の成立」などが語られることに、いささか違和感を覚えられた読者も多いのではないかと思う。実のところ、「民衆の一定部分、具体的には中間層と呼ばれる有力百姓(本書では「村の草分け」としての由緒を誇る百姓のことを、有力百姓と呼称する)が村内における特権的地位や既得権益を維持するために、天皇の権威を積極的に利用し、結果として、天皇家の存続を下から支える役割を担った事実を、通時代的に明らかにする」という、本書のメインテーマを解き明かす上でのカギとなるものが、百姓の家の成立を前提とした身分秩序、すなわち家格制の問題なのである。

具体的な論証は、以下の各章でじっくりと行うとして、書店の店頭にて本書を手にとって下さった方に、「何だ、これが答えか。わざわざ買って読むほどのこともないな」などと思われてしまうことのない範囲で、もう少し掘り下げて種明かしを試みると、とりあえずは以下のように説明することができよう。

①　戦国時代に百姓（有力百姓のみならず、平《ひら》百姓の一定部分も含む）のレベルでも先祖代々伝えられる家が成立すると、自家の家格の維持・向上をはかることが、家を持つことができた百姓たちの切なる願いとなった。

②　その願望を実現するために、彼らは絶えず、自家の由緒を天皇や朝廷と結びつけることにより権威づけようとし続けた。

③　ただし、彼らは天皇の権威にいつでも盲目的に服従したわけではない。たとえ天皇や朝廷の命令であったとしても、自分たちに都合の悪いことには反対したり、面従腹背《めんじゅうふくはい》したりするしたたかさも持ち合わせていた。

家とは何か　では、民衆と天皇の関係性を語る上で、それほどまでに重要な役割を果たした家とは、一体どのようなものなのだろうか。もちろん、この家は現代の若者たちが日常会話の中で何気なく用いている、「私の家は3LDKのマンションです」とか、「僕の家は四人家族です」とかいう、単に家屋や家族そのものを意味するような、今日的用法のそれではない。ここでの家とは、年配の読者の方々ならば馴染み深いはずの日本独特の家、言い換えれば、江戸時代はもとよりのこと、近代、それも戦前はおろか、戦後の高度経済成長期あたりまでの日本社会の体質を規定し続けた、あの家制度のことを指す。

二一世紀も一〇年以上経った今日、家制度の痕跡らしきものは、結婚式場のホールに掲げられている「○○家・××家披露宴会場」といった案内板や、墓石に刻まれている「○○家先祖代々の墓」といった墓碑銘を除くと、社会の表舞台からほとんど消え失せてしまった。そのせいか、最近でこそ下火になったものの、日本の家については、高度経済成長が終焉を迎える一九七〇年代前半の石油ショックの頃まで、社会学、民俗学、文化人類学、法学等の諸分野で、学問間の垣根を超えた熱い議論が交されていた。一般読者を主な対象とする本書において、こういった議論の詳細を跡づけることは、煩雑になるので避けるが、細かな意見の対立はさておき、諸説に共通する日本の家の特色を一つだけあげるとすれば、「世代を超えた永続志向」ということに尽きる。

つまり、家とは家産と呼ばれる固有の財産と、家名と呼ばれる固有の名前、そして、家産を用いて営まれる家業の三点セットを、父から長男へと父系の線で先祖代々継承することによって、世代を超えての永続を目指す社会組織なのである。それは、厳密に言えば家族そのものではなく、家長の家族によって営まれる一個の経営体であり、また、村や町といった上位の社会組織を構成する基礎単位としての役割をも担っていた。

さらに、日本の家は、神仏に昇華して家を守ってくれる「御先祖様《ごせんぞ》」*1に対する祭祀をとても大切にしている点、同じく東アジア文明圏に属しながらも、中国や韓国の家族とは異なり、家の存続のためには血縁関係にない者を養子にとって家を継がせることを、あえていとわない点などでも、きわだった特色を持っている。

一九七〇年代前半に生まれた、いわゆる「アラフォー」世代よりも若い読者には、実感として理解しにくいかもしれないけれども、高度経済成長が終焉を迎える一九七〇年頃までは、日本の各地でごく当たり前に見受けられた、このような意味での家こそはまさに、日本人の意識や行動、価値観などを長年にわたって規定し続けてきたものにほかならない。

家長をはじめとする家の構成メンバーには、農家ならば農業、商家ならば商業という家業を先祖から受け継ぎ、それを子や孫の世代にまで守り伝えるために、そして、できることならば家業を盛りたて、家産を少しでも増加させるために、文字通り一丸となって懸命に働くことが求められたのである。

家の成立期　ところで、ものごとの生成から消滅に至る時間的な変化・推移の考察を学問的な課題とする歴史学の立場から問題にしたいのは、家産・家名・家業の三点セットに象徴される永続的な家が、一体、いつ頃成立したのかということである。

周知のように、一部の保守的な政治家や評論家、メディアなどの間では、家制度が日本の誇るべき「伝統」的美風であり、その起源は天皇の歴史と同じく、はるかいにしえの昔＝古代にまで遡れるといったことが、まことしやかに論じられている。

この立場は、近年、家制度的な社会秩序が崩れ去り、家を大切にする気風もないがしろにされるようになった結果、家族をめぐるさまざまな社会問題が、いっぺんに表面化したといわんばかりの議論、あるいは、老親の扶養・介護や生活困窮者の扶助は、できる限り家族・親族による自助努力で行うべきとの議論(もちろん、その裏には社会保障費削減の思惑が見え隠れする)とワンセットになって語られるのが常で、国民、特に年配の方々からは一定の支持をうけているようにも思われるが、はたしてそれは、確固たる学問的裏づけを持つ見解なのであろうか。

最近の歴史学では、東アジア世界のレベルでの共時的な歴史の変動を重視する傾向が強まっている。「東アジア伝統社会論」もその一つに数えられるが、この立場に立つ代表的な研究者でもある朝鮮史の宮嶋博史や、中国史の岸本美緒によると、日本史でいえば戦国時代から江戸時代前半あたりにかけて、東アジアの諸地域では、今日「日本の伝統」、「中国の伝統」、「韓国の伝統」とみなされているような、独特の生活文化や社会制度・慣習などが一斉に形成されたとのことである［宮嶋一九九四、岸本 一九九八・二〇〇〇］。

もしそれが事実だとすると、私たちが「これこそ日本の伝統だ」と思い込んでいるものの多くは、たかだか四百年〜五百年程度の「伝統」にすぎないことになるわけで、言うまでもなく、その代表格としてあげられる家制度の歴史的な起源にしても、戦国時代より以前にまで遡らせるのは困難になってくる。

これまで私は、「東アジア伝統社会論」を踏まえた上で、本書のフィールドである山国荘地域の事例をもとに、民衆の家がいつ頃、どんな要因によって形成されたのかを論じてきたが、今ここで、本書の課題と関わる範囲でその結論を簡単にまとめてみたい*2。

①　民衆のレベルで苗字や通名《つうみょう》など、家名にあたる名が用いられ始めるのは一四世紀後半以降、それが一般化するのは一六世紀であり、また、遺産相続の形態が兄弟姉妹全員への分割相続から、長男による単独相続に変わったことによって、長男が相続した遺産が事実上の家産となるのは一六世紀のことである。

②　したがって、有力百姓はもとより、一部の下層民を除く平百姓のレベルでも、家産・家名・家業を先祖代々継承する家が最終的に形成された時期は、戦国時代も佳境に入り、武田信玄や上杉謙信、織田信長などの有力戦国大名がしのぎを削りはじめた一六世紀も中頃以降に求められる。

本書では紙幅の都合上、関連史料や詳細なデータを掲げることはしないが、以下、人口の圧倒的多数を占める民衆のレベルで家制度が歴史上に登場したのは戦国時代後半のことであり、「日本古来の伝統」などと言っても、奈良・平安時代はおろか、鎌倉時代まで遡らせることすらできないという事実を前提にして、話を進めることにしよう。

家名としての苗字と通名　一般に、江戸時代には百姓の苗字使用が禁じられたとされる。いわゆる「苗字・帯刀の禁止」であり、そのことは高校の日本史教科書にも載っているため、おそらくは読者のみなさんも、それが当り前の「常識」だと思われていることだろう。

だが、この国民的な「常識」は、歴史学の世界ではすでに過去のものとなっている。なぜならば、江戸時代の百姓の中に、先祖代々受け継がれる苗字を持つ者がたくさんいた事実について、洞《ほら》富雄や豊田武をはじめとする多くの研究者が、今から半世紀も前に明らかにしているからである［洞 一九六六、豊田 一九七一］。それどころか、最近では室町時代の百姓の中にも苗字を持つ者がそれなりの割合で存在したことまで、先に触れた、山国荘をフィールドとする私の研究成果によって確実となった。

もちろん、江戸時代の為政者が百姓の「苗字・帯刀」を禁じたことは間違いのない事実だが、これはあくまでも、武士身分の特権を守るための「建て前論」的なものであり、実際のところは、武士に提出する書類上や、武士の面前で、百姓が苗字を用いるのを禁止しただけのことにすぎなかった（村の中での私的な苗字使用は基本的に黙認される）。

とはいえ、それでも苗字を持たない下層民はいたし、持っていたとしても、百姓が武士の面前で堂々と苗字を名のれなかったのは確かであって、こうした中、百姓は苗字とは別の家名も用いるようになった。この名前は通名《つうみょう》と呼ばれる。通名とは、父が藤次郎《とうじろう》ならば長男も藤次郎、父が勘《かん》右衛門《えもん》ならば長男も勘右衛門といった具合に、父から長男へと代々受け継がれる名前のことであり、父に代わって長男が新たに通名を名のることを襲名《しゅうめい》、襲名する際に行われる儀式を襲名披露という。

明治維新の後、近代国民国家を築き上げる過程の中で、徴税や徴兵の実をあげるために、個人を特定することが必要不可欠となり、政府は襲名を禁止した。その結果、今日では歌舞伎などの伝統芸能の世界における芸名のレベルで、襲名慣行が残るにすぎなくなってしまったが、江戸時代の民衆世界において、それはごく当たり前のことであった。近世百姓の多くは、家長にあたる人物の名を世襲することで、藤次郎家、勘右衛門家、太郎兵衛家といった具合に、事実上その名を先祖代々の家名(屋号)としたのである。

2　宮座と家格

襲名披露の場としての宮座　次に、襲名披露の場を考えてみよう。襲名がなされるということは、少なくとも家長と長男については、人生の途中で自分の名前を変えることを意味する。つまり、江戸時代以前の村社会では、村人が人生の階段を上り、彼の社会的な地位が上昇するにしたがって、改名をする習俗があったことになる。*3

中世から近世にかけて、村の宗教行事は鎮守の神社に形成された宮座《みやざ》と呼ばれる祭祀組織で行われたが、宮座には一定の年齢に達した村人全員が参加できるわけではなかった。たとえば、近畿地方に一般的な﨟次階梯制《ろうじかいていせい》（入座時期の違いによって、宮座内での地位が異なる制度）にもとづく宮座の場合、宮座の維持にかかわる費用や、さまざまな宗教行事の運営にかかわる費用を負担しうる特定の者だけが加入できたのである。

ここで重要な問題は、まさしくこの宮座の場において改名が公認された事実である。たとえば、近江国（現滋賀県）の湖東地域（琵琶湖の南東岸側地域）に所在した著名な惣村今堀郷《そうそんいまぼり》の事例を参照すると、座衆（宮座のメンバー）を父親にもつ男子は、数え年で一三歳から一五歳くらいになると、宮座で「烏帽子成り《えぼしな》」という儀礼を行い、髻《もとどり》を結って成人男性の象徴である烏帽子をかぶった。これは、一人前の成人（若衆）として村から認められたことを意味するが、それと同時に、彼らは松丸、虎太郎、釈迦三郎、観音次郎のような、動植物の名や神仏の名に因んだ子ども時代の名前（童名《どうみょう》）から、孫三郎、弥吉《やきち》、三郎次郎といった若者の名前に改名した。

さらに、宮座に加入して一定の年数がたち、頭人《とうにん》という祭礼の準備・運営責任者となって、頭役《とうやく》という重い負担を一年間はたした者は、のちに「官途成り《かんとな》」または「大人成り《おとなな》」と呼ばれる儀式を行い、乙名《おとな》として宮座の指導部に加わることが許されたが、そのおりにも改名が行われ、彼らは乙名の特権としての官途名を名のった。

そして、乙名たちは老境にさしかかると「入道成り《にゅうどうな》」をして、法名《ほうみょう》と称される僧侶名を名のり、*4 宮座の最長老の地位を獲得した。

これら一連の改名儀式を行う際には、頭役のケースと同様に多額の費用負担が必要であり、一定の経済力を持つ者(正確には男性)のみ、改名をして人生の階段を上り詰めることが可能だったのである。

一方、近畿地方をドーナツ状に取り囲む、ひと回り外側の地域、すなわち、中国地方をはじめ、四国・九州・北陸・東海地方などでは、宮座の形態が異なる。この地域の宮座は、荘園の内部に形成された百姓名《ひゃくしょうみょう》という中世独特の徴税組織を単位に形成され、百姓名の管理責任者、具体的には百姓名内の田畠を耕作する百姓たちから、年貢や公事《くじ》等の貢納物を徴収する名主《みょうしゅ》とその一族のみが、村の宮座祭祀に関わることができた。

つまり、これらの地域では、宮座は名主の連合組織としての名主座の形をとったのである。おそらくは名主座の場合も、近畿地方の﨟次階梯型宮座と同様に、成人名を名のったり、名主としての名前を名のったりする改名儀式が行われたのではなかろうか。

歴史学の立場から宮座の研究を精力的に続ける薗部寿樹は、本書の舞台となる丹波国山国荘が、近畿地方的な﨟次階梯型の宮座と、中国地方的な名主座のちょうど境界地域にあたり、同荘西部の本郷山国地域に所在した山国神社の宮座は名主座なのに対し、同荘東部の枝郷黒田地域に所在した二つの春日神社の宮座は、いずれも﨟次階梯型宮座であったと結論づけた[*5](地図参照)。

実際のところ、薗部が言うほど明確に、山国神社の宮座と春日神社の宮座との間に質的な差異が認められるかといえば、そう断定しきることにはやや躊躇せざるをえない。なぜならば、山国神社の宮座は、確かに名主の本家と分家とからなる名主座の組織構成原理をとったが、一方で、春日神社の宮座は、近畿地方の宮座に特徴的な、﨟次階梯制にもとづく組織構成原理をとりながらも、同時に名主の本家と分家とからなる名主座の組織構成原理も兼ね備えていたと思われるからである。ようするに、黒田の春日神社の宮座は、まさに二類型の境界地域に位置する宮座として、各々の特徴を併せ持っていたとみなすことができるのではなかろうか。

家格と官途名　ところで、戦国時代に先祖代々継承される家が成立すると、宮座の単位は個人ではなく家となり、一般の座衆の地位も、より上位にランクされる乙名の地位も、特定の家格の家に固定化されることになった。しかも、一家を代表して座衆や乙名となれるのは、家長と長男のみに限定されたため、「官途成り」(「大人成り」)の儀礼は、事実上、襲名披露と同義化した。

つまり、臈次階梯型の宮座にしろ、名主座にしろ、長男が襲名して家名を継ぐのを宮座の場で承認することで、新家長としての長男が乙名の仲間入りを果たし、同時に元家長としての父親は、宮座から退いて隠居したのである。ここに至って法名を名のる老人は、宮座の最長老ではなくなってしまった。*6

宮座のメンバーではあっても、「官途成り」をして乙名になることができない家の場合は、「烏帽子成り」(成人儀礼)を行うことで宮座の仲間入りをはたした長男が、一定の年齢に達して家督を相続し、新たな家長となった段階で、それまで父親が名のっていた名前(官途名ではないものの、代々続く各家に固有の名前)を家名として襲名したのではなかろうか。おそらく、その時点で父親は宮座から退いて隠居したものと思われる。

こうして、①乙名の地位に就くことのできる家(以下、乙名家と記す)、②宮座の座衆ではあるものの、乙名にはなれない家(以下、座衆家と記す)、そして、③宮座の座衆になることすらできない家（以下、非座衆家と記す）の家格が固定化し、各家が名のれる家名も同様に固定化することになった（非座衆家の場合、多くは不安定な下層民であって、先祖代々継承される家名など、そもそもありえなかったかもしれないが）。

ここで着目したいことは、官途成りをして乙名の地位に就いた家、すなわち乙名家が用いる家名の特色である。乙名家の家長は、彼の官職が左近将監《さこのしょうげん》だったならば左近《さこん》、右衛門尉《えもんのじょう》だったならば勘《かん》右衛門《えもん》といった形で、朝廷の下級官職名を取り入れた名前＝官途名を名のった。これは、朝廷における官職制度が形骸化した結果、官職任命の職務を村が代行するという「建て前」のもと、村の宮座のレベルにまで官職の任命権が下降してきた事実を物語っている。

もちろん、実際にはそのような建て前を拡大解釈して、宮座のレベルで勝手に官職「任命」を行うケースも多かったことだろう。だが、たとえば戦国時代には天皇家の直轄領であった山国荘では、本郷山国地域の山国神社の宮座や、枝郷黒田地域の春日神社の宮座において、毎年正月に行われる「吉書《きっしょ》はじめ」という恒例の年頭儀式の際に、天皇家から派遣された勅使《ちょくし》によって、乙名家（山国荘の場合、江戸時代になっても彼らは、中世の有力百姓を指す名主《みょうしゅ》という呼称で呼ばれ続けた）に対して六位あたりの位階に相当する官職が与えられており、彼らはそのおりに勅使から直々に手渡された「口宣案《くぜんあん》」という名の「辞令交付書」を、自家の家格を証明する証拠書類として、後世まで大切に持ち続けた。同地の旧家に伝存する古文書の中に、この手の「口宣案」がかなりの数残っているのは、こうした事情によるが、山国荘の事例からもわかるように、宮座の場での官途成りがすべて、官職の僭称《せんしょう》だったわけでもないのである。

なお、山国荘の場合、宮座の座衆でありながら、官途成りをして乙名家になることができない座衆家が、独自の家格として存在したかどうかは定かでない。おそらく、本郷の山国神社の宮座では、名主家と呼ばれた乙名家の分家にあたる家々こそが、他地域の座衆家とほぼイコールの家格だったのではないかと思われる。したがって、宮座に参加できない非座衆家は、事実上非名主家ということになる(乙名家＝名主家、座衆家＝名主家の分家、非座衆家＝非名主家という構成)。

一方、黒田地域の二つの春日神社の宮座では、断定はできないものの、名主家の分家のほかにも座衆家にあたる家々が存在した可能性が高い。

いずれにしろ、戦国時代以降になると、乙名家に与えられた官職は、各家の家格を表示する官職として先祖代々大切に伝えられ、その官職を取り入れた官途名も家名として、これまた「父―長男」のラインで代々名のり継がれるようになった。

村の乙名家にとって、朝廷の官職にしろ、それをもとにした官途名(家名)にしろ、どちらも天皇・朝廷の権威をバックとして、村社会内部における自家の特権的な地位や身分を誇示するために必要不可欠なツールであり、だからこそ、戦国時代から江戸時代にかけて、天皇・朝廷がいかに衰微したとしても、乙名家クラスの有力百姓が天皇の「貴種」性に依存する傾向は、むしろますます強まったのである。

本書のフィールドにあたる丹波国山国荘でも、こういった「貴種」崇拝の傾向は明らかだが、それについては章を改めて詳しく述べたい。

3　本章のまとめ

本章では、民衆と天皇の関係を論ずる上での出発点として、民衆、特に有力百姓の家の成立という問題を取り上げた。ここで読者の便を考え、本章の内容を簡単にまとめ直すと、以下のようになる。

①　一六世紀半ば頃になると、家産・家名・家業を父親から長男へ、長男から彼の長男へといった形で先祖代々伝える、永続性をもった家が、有力百姓のみならず、平百姓の一定部分でも徐々に形成されてきた。

②　家が成立したことによって、自家の家格の維持・向上をはかることが、家を持つことができた百姓たちの切なる願いとなる。

③　家名のうちの苗字は、百姓の「苗字・帯刀」が原則禁止された江戸時代にあっても、村社会の内部で私的に使われ続けた。一方、百姓は苗字とは別に、通名と呼ばれる家名も用いたが、有力百姓の家では、通名は官途名という形をとった。

④　おおむね一六世紀末頃に、宮座が家を単位に組織されるようになった結果、宮座の場で官途成りを行うことにより襲名した官途名は、乙名家(乙名の地位に就くことができる有力百姓の家。山国荘の場合、名主家と呼ばれる)の家格を示すシンボルとなった。

⑤　したがって、官途成りをして得た官職や官途名は、乙名家が天皇・朝廷の権威をバックに、自

家の特権的な地位を誇示するための、必要不可欠なツールであった。

＊1　この「御先祖様」は父・父方の祖父・祖父方の曾祖父といった具合に、父系直系のラインで遡れる先祖に限定される。

＊2　専門的な仕事としては『日本中世の氏・家・村』(校倉書房、一九九七年)、『家と村社会の成立』(高志書院、二〇一一年)が、また、一般読者向けの仕事としては『苗字と名前の歴史』(吉川弘文館、二〇〇六年)があげられる。

＊3　ただし、右の習俗からは女性と一部の男性下層民が排除されており、改名は差別的・特権的な行為だといえる。

＊4　常仏《じょうぶつ》・行音《ぎょうおん》・西念《さいねん》のような漢字二字音読み、または本阿弥陀仏《ほんあみだぶつ》・西阿弥陀仏《さいあみだぶつ》のような阿弥陀名のいずれかが、法名の一般的な形態だった。

＊5　近畿地方の﨟次階梯型宮座と、その外側の地域に分布する名主座の実態について論じた上で、山国荘地域の宮座の特質にも論及した薗部の仕事として、『日本の村と宮座』(高志書院選書、二〇一〇年)があげられる。

＊6　飯沼賢司は、戦国時代における老人の地位低下の要因として、武力が重要視される時代となり、その担い手である若衆の発言力が増したことをあげている[飯沼 一九九一]。だが、それ以上に、宮座の単位が個人ではなく家となり、一家につき一人(家長)だけしか宮座のメンバーになれなくなったこと(長男の入座による父親の宮座脱退と隠居)こそが、老人の地位低下に拍車をかけた最大の要因だったのではないだろうか。

二　中世の禁裏領荘園と天皇・朝廷
――丹波国山国荘――

前章では、先祖代々続く家が成立したことによってもたらされた、官途名の家名化の問題や家格制度の一般化の問題こそが、民衆、特に有力百姓と天皇の関係を探る上での重要なポイントとなることを明らかにした。その結論を踏まえ、ここでは中世の山国荘と天皇・朝廷の関係について論ずることにしたい。

1　山国荘の歴史をひも解く

山国杣から山国荘へ　山国荘地域の歴史は、遠く奈良時代にまで遡る。奈良時代のはじめ、左大臣として権勢を誇った皇族長屋王は、対立する藤原氏の陰謀によって滅ぼされてしまったが、その長屋王の広大な邸宅跡から発掘された「木簡」（文字が記された木片。主に荷札などに用いられた）の中に、「山国杣《そま》」と明記されているものがあった。*1 これは、八世紀前半にはすでに、同地の名が山林資源の豊富な杣として、平城京の貴族の世界にまで知れわたっていたことを示している。

では、山国杣ではなく、山国荘という名は、いつ頃から見られるのだろうか。三章で詳しく触れる、江戸時代に作成された名主家の「由緒書」類を見ると、桓武天皇による平安京への遷都（七九四年）に際し、都を造営するための材木の供給地に指定されたことをもって山国荘の起源とするが、山国荘なる荘園名が史料上に最初にあらわれるのは、遷都から二百年ほど降った一〇世紀末のことである。それは、九八〇年（天元三）の年号を持つ「某寺資材帳」という史料だが[*2]、そこには東大寺の僧朝南《ちょうなん》が建立した寺（寺名不詳）の所領として、山国荘（田畠二五町と山林一二町）の名があげられており、また、山国荘とは別の所領として、後に山国荘の枝郷となる小塩・黒田（田畠三町）の名も見える。

つまり、山国の地が杣としてではなく、荘園として把握されるようになったのは、一〇世紀も後半頃のことではないかと思われる（ただし、当時の荘園の一般的な形態からすれば、それは私たちがイメージするような、領主による一円支配のもとにおかれた広域的な荘園、いわゆる寄進地系荘園ではなく、荘園とは言っても、「不輸《ふゆ》不入《ふにゅう》権」を持たない散在的な耕地の集積体にすぎなかった可能性が高い）。

さらに、平清盛が政権を握っていた時代（一一六二年）の一史料（『平安遺文』補九九号）では、朝廷関係の建物の造営や修築にあたる修理職《しゅりしき》という役所が管轄する杣（「修理職杣山」）として、山国の地が把握されている。平安時代後半の二百年弱の間に、同地の領主が朝南建立の某寺から朝廷の修理職に変わったのか、田畠の支配は某寺、山林（杣）の支配は修理職といった二元的支配を受けていたのかは定かでないが、いずれにしても、鎌倉時代になると、同地が修理職による一元的な支配のもとに置かれるようになったことは間違いない。以降、山国の地は枝郷の小塩・黒田も含めて、丹波国山国荘という修理職領の荘園として、中世を通じて朝廷や天皇家と強い結びつきを持ち続けることとなる。

修理職領から禁裏領へ　さて、ここで問題にしたいことは、山国荘が中世のある段階で、修理職という朝廷の一機関が統括する荘園から、天皇家直属の荘園(禁裏領荘園《きんりりょう》)へと変貌を遂げた事実である。この問題については、戦前の段階ですでに奥野高廣が取り上げ、同荘は一四世紀末の南北朝合一期頃に、修理職領から禁裏領へと変わったと結論づけた[奥野 一九八二]。

奥野の見解は、長い間、山国荘研究の「通説」となってきたが、それに異を唱えた研究者として桜井英治の名を、桜井の見解をより発展させた研究者として岡野友彦の名をあげられる[桜井 一九八七、岡野 二〇〇九]。桜井によれば、山国荘が修理職領でなくなった事実は、中世を通じて確認することができず、ただ、修理職という役所が、応仁・文明の乱直後の一四八〇年(文明一二)の一事件を契機に、天皇に直属したことによって、結果として禁裏領とみなされるようになったにすぎないとのことである。

一方、岡野はおおむね一五〇〇年あたりを境にして、山国荘の現地に残る古文書の表記が修理職領ではなく禁裏領となることを明らかにし、少なくとも地元住民の意識のレベルでは、一六世紀初頭の段階に至ると、山国荘が禁裏領だという認識が定着したとみなした。

文明一二年の事件　では、山国荘が天皇家に直属する契機となった一四八〇年(文明一二)の事件とは、一体どのような事件だったのであろうか。それは、後土御門《ごつちみかど》天皇による山国奉行の烏丸資任《からすまるすけとう》解任をめぐる騒動である。

ここに見える烏丸資任とは、室町幕府八代将軍足利義政《よしまさ》の寵愛を得て、義政政権の初期に権勢をほしいままにした、いわゆる「三魔」のうちの一人であった（残りの二人は今参局《いままいりのつぼね》と有馬持家《ありまもちいえ》）。この資任が、山国荘から上納された材木を着服し続けていた事実を知った天皇が激怒して、彼を奉行の職から解任しようとしたのである。

だが、資任のバックには前将軍足利義政（当時の将軍は九代義尚《よしひさ》）とその正室日野富子がひかえており、当然のことながら、二人は資任の解任に難色を示したため、事態は暗礁に乗り上げてしまった。これに対し後土御門天皇は、解任が受け入れられなかった場合には、抗議の意思表示として譲位し、隠居するという強硬姿勢を示し、ついには天皇と前将軍の「仲違い」と噂されるほどの状況に立ち至った。そして、紆余曲折の末、最終的には義政と富子の側が折れ、天皇の意思が通って、資任は山国奉行を解任されることになった。これが一四八〇年に起きた事件の一部始終である。

事件の本質　この事件の結果、山国荘の支配体制にどのような変化がもたらされたか。それは、修理職の長官が兼務する山国奉行の、一名体制から二名体制への転換としてとらえることができる。後土御門天皇は、かの資任の後任に、白川忠富《ただとみ》と庭田雅行《にわたまさゆき》の両名をあて、以後、山国奉行は二名となったのである。

実のところ、中世になると朝廷の役所の長を、特定の貴族の家が世襲して、その役所の業務を代々請負う傾向がしだいに強まり、ついには、役所に附属する所領を家領化してしまうことまで起きるようになってきた。烏丸資任もまた、修理職という役所の長として、修理職に附属する山国荘の奉行を兼務したのであり、おそらくは同荘の家領化をねらって、献上された材木の横領をはかったのではないかと思われる。

したがって、後土御門天皇による資任の奉行職解任劇は、その動きを阻止する意味合いを持った。つまり、山国奉行の人数を二人にし、輪番体制をとることによって、特定の家による奉行の地位の独占と山国荘の家領化の動きを防ぎ、ひいては、同荘を天皇家の直轄領(禁裏領)とすることを目指したのである。後土御門天皇のこうした目論見は、後述するように必ずしも功を奏したとはいい難かったが、さりとてまったく無意味であったわけでもなく、一五世紀末から一六世紀にかけて、同荘はともかくも、残された数少ない禁裏領荘園の一つとして、天皇家の私的な経済を支える上で、一定の役割をはたし続けた。

2　『御湯殿上日記』に見る山国荘と天皇家

『御湯殿上日記』の貢納記事　次に、禁裏領山国荘より天皇家への貢納物としては、どのようなものがあげられるか。野村和正の研究[野村 二〇〇九]によりながら紹介したい。

まずは、ここで取り上げる『御湯殿上日記《おゆどののうえにっき》』という史料の説明からはじめよう。これは、天皇に近侍し、身の回りの世話にあたった女官たちが交代で、天皇を取り巻く動静や年中行事などを綴った公用日記であり、一四七七年(文明九)以降のものが伝存する。そして、実はこの日記の中に、山国荘をめぐる記事が散見しているのである。

では、『御湯殿上日記』に登場する山国荘関係の記事には、どのような特徴があるだろうか。言うまでもなく、その記事の大半は、山国荘から天皇家に献上された多種多様な貢納物の記載にあてられている。たとえば、正月の餅・若菜、端午の節句(五月五日)の粽《ちまき》・菖蒲《しょうぶ》、重陽の節句(九月九日)の餅をはじめとした、五節句の行事(年中行事)に必要な品々、材木や鮎といった山国荘の特産品、柿や山芋、炭といった季節の品々などをリストアップできるが、ここで注意したい点は、これらの物品の多くが、一般に公事《くじ》と呼ばれる貢納物であって、いわゆる年貢にあたる貢納物がほとんど見当たらないことである。

網野善彦によれば、中世の百姓が領主に上納した年貢と公事の両者を、今日的な意味合いでの租税として一括することには問題があり、前者(年貢)は領主経済を維持するための貢納物という性格が強いのに対し、後者の公事は、領主が年中行事をとり行うに際して必要な物品を調達するというニュアンスが強い貢納物だったとのことである[網野 一九八〇]。

網野はさらに、公事は本来、共同体が行う年中行事に対するメンバーの負担であったものが、共同体に代わってこれらの行事を領主が実施することになったがために徴収された税で、そこには負担者側の自己納得の回路が存在したと述べているが、このように、ひと言で租税といっても、年貢と公事とではその性格が大きく異なっていた。

この点について野村は、一〇月の記事に見える「地子《ぢし》」、一一月の記事に見える「袋」が年貢米にあたるのではないかと推察しているが(年貢米のことを「袋」と呼ぶことについては、他の禁裏領荘園の実例がある)、いずれにしろ、その事例はごくわずかであり、量的にも数石から三〇石程度であって、『御湯殿上日記』を見る限り、山国荘の年貢として、米が一般的であったとは、到底言い切れない状況である。

山国荘の年貢　では、同荘においては年貢が徴収されなかったのだろうか。そうではなかろう。山国荘の現地に残された「公用米算用帳」と呼ばれる二点の史料(『丹波国山国荘史料』三三八号・三三九号)に目を向けると、大杣方《おおそまがた》・棚見方《たなみがた》に区分された各百姓名から、公文《くもん》鳥居氏・下司《げし》水口氏らの荘官《しょうかん》(荘園の現地管理責任者)によって公用米が徴収されており、その総計は棚見方だけで八〇石に及ぶ。

これらの公用米は、山国神社をはじめとする「五社明神」を維持するための必要経費としてすべて控除され、天皇のもとに年貢として献上されなかった可能性もゼロではないが(三章で触れるように、江戸時代に作成された「由緒書」類には、天皇の命によって「五社明神」に一二五石の米が寄進されたとの記述が見える)、百姓名から徴収された米のすべてが、地元の神社を維持する経費に宛てられるとは、中世史の常識に照らし合わせると考えにくく、やはり、公用米の一定部分は年貢として上納されたと理解すべきだと思う(一般に、この手の「算用帳」には、年貢から控除される必要経費が明記されるものだが、山国荘の「公用米算用帳」に控除分の記載はなぜか見当たらない)。

おそらく、百姓名より徴収された公用米から、「五社明神」の維持に必要な経費を差し引いた残りが、大杣方・棚見方各々の荘官の手で、年貢米として先述の山国奉行のもとに運ばれ、その一部が天皇家にまわされたため、直接、天皇家に届けられた他の公事物とは異なり、『御湯殿上日記』の記述が断片的なのではないかと思われる。

それにつけても、天皇の手もとに山国の年貢米が届くのが時おりでしかなかった理由としては、やはり、山国奉行による年貢米の着服という事態が想定できる。したがって、文明一二年の事件以降、山国奉行が二人体制になったからといって、彼ら奉行による年貢米の横領がまったくなくなったと即断するわけにはいかない。

また、棚見方だけで八〇石あまりという公用米の量は、あくまでも帳簿上の建て前であり、控除部分の有無にかかわらず、実際に上納された年貢量がそれよりもかなり少なかったであろうことも、3節で述べる宇津氏の動向をはじめ、戦国時代の社会状況を勘案すれば、十分に予想がつく。天皇の手もとには時おり、数石から、せいぜい三〇石程度の年貢米しか届かなかった理由の一端は、そのあたりにも求めることができよう。

材木年貢の可能性　ところで、山国荘の年貢について、今ひとつ検討したいことは、米以外の年貢の可能性である。ここでもまた、先ほど紹介した網野の研究成果をひも解くと、中世の年貢としては、一般にイメージされる米だけでなく、鉄や塩、布をはじめ、荘園によってさまざまな特産物があてられたとのことである。

この見解を踏まえた時、山林資源が豊富で、杣から発展を遂げた山国荘では、米のみならず、材木も年貢として貢納されたと考えられるのではないか。『御湯殿上日記』の貢納記事の中に、材木の記載が数多く見出せるのは、その推測を裏づける事実だといえよう。

つまり、かの烏丸資任が横領したものが、年中行事とのかかわりで、おりに触れて徴収される公事物としての材木ではなく、ほかならぬ材木年貢だったとみなすことも、十分に可能なのではなかろうか。もちろん、この材木年貢は大嘗祭《だいじょうさい》の儀式や内裏《だいり》の修築等に用いられる特別な高級材とは異なり、京都の材木市場で売却・換金されて、天皇家の私的な経済を支える役割を果たした。

現在のところ、材木をもって年貢とする確定的な証拠史料を見つけ出すことはできていないものの、山国荘は長年にわたり、朝廷の修理職という、内裏や官庁の建物の修築を担当する役所の所領であった関係上、年貢米のほかに、材木をも年貢として負担する荘園だったと考えたとしても、さして的外れな理解ではない。もしも百姓名から徴収される公用米のうちのかなりの部分が、「五社明神」を維持するための必要経費や、名主の役職手当（山国荘では「用呂田《ようろでん》」と呼ばれる）として年貢から控除されてしまったとしたならば、材木が年貢として徴収された可能性はなおさら高くなろう（なお、仲村研は特段の根拠を明示しないまま、米以外に材木も年貢として貢納されたと断定している〔仲村 一九七八〕）。

3　戦国時代の山国荘

戦国時代の丹波と宇津氏　以上、戦国時代における山国荘と天皇家の関係について見てきたが、この問題を語る上で忘れてならない存在として、宇津氏の名があげられる。宇津氏とは、戦国時代の丹波国で活躍した国人クラスの有力武士であり、山国荘の近隣にあたる神護寺《じんごじ》領吉富荘《よしとみ》内の宇津郷を本拠地とした〔柴崎 二〇〇九〕。

南北朝の内乱が収まり、室町幕府による全国支配体制がとりあえずは安定化した一五世紀初頭、丹波国の守護職には、室町幕府において将軍家に次ぐ地位にあった管領細川氏（一般に京兆家《けいちょうけ》と呼ばれる細川本家の家長）が任命され、以後、その役職は細川京兆家によって世襲された。だが、一六世紀初頭に細川政元《まさもと》が暗殺されると、京兆家は内紛から二派に分裂してしまう。戦国時代を通して続いた両派の対立・抗争は、足利将軍家の内紛とも相まって激化する一方であったが、こうした中、初期には細川高国《たかくに》方、天文年間（一五三二年〜五五年）になると対立相手の細川晴元《はるもと》方として、宇津氏が史料上に登場してくる。

この争乱に際して、京都から逃れてきた細川晴元を宇津城に呼び寄せるなど、宇津氏が晴元方の中心として活躍したことから考えると、宇津氏は単なる丹波の一国人（有力武士）だったわけではなく、細川京兆家の家臣（奉行人）として活動していた事実が浮かび上がる。

そして、細川高国の養子氏綱《うじつな》を奉じた三好長慶《ながよし》に、細川晴元が降伏した一五六一年（永禄四）以後も、宇津氏は丹波の国人の多くとともに晴元方の残党として活動し、長慶方についた丹波守護代の内藤氏と戦っている。

一五六八年（永禄一一）九月、長慶の重臣として、長慶没後も勢力を奮っていた三好三人衆を駆逐した織田信長が足利義昭を奉じて入京するが、入京後、正親町《おおぎまち》天皇よりの依頼を受けた信長は、宇津氏に対して、山国荘の「違乱」（後述）を止めるように命じた。

さらには一五七三年（元亀四）の四月、信長によって室町幕府最後の将軍足利義昭が京都より追放されたことで、義昭に味方していたと思われる宇津氏の立場はますます悪くなり、ついには、信長の命で丹波の平定を進める明智光秀軍の攻撃によって、一五七九年（天正七）に宇津氏は滅ぼされてしまった。

宇津氏と山国荘の関係　ここで宇津氏と山国荘の関係に目を向けると、宇津氏の名が山国荘関係の史料の中にはじめて登場するのは、一五三五年(天文四)のことである。その史料によれば、丹波の有力国人波多野氏をバックにつけた宇津氏が、山国荘に対して「違乱」をはたらいたことがわかる(『後奈良天皇日記』天文四年一一月二一日条、一二月二六日条)。おそらく、ここに見える「違乱」とは、実力行使による年貢や公事の横領行為を指すものと思われる。戦国時代の丹波国では、国人クラスの有力武士による、室町幕府の「御料所」(荘園)や禁裏領荘園に対する「違乱」が頻発したが、宇津氏の行為もその動向の一環とみなすことができよう。

さらに、こういった実力行使による「違乱」だけでなく、宇津氏は①百姓名(名田)の名主職《みょうしゅしき》(田畠管理権)や、個々の私領田畠の購入、②山国荘の有力百姓との婚姻関係締結といった合法的な手段をも駆使して、山国荘に対する影響力を強めていった。

①については、2節で見た山国荘の「算用状」に記されている名主や田畠保有者の人名中に、宇津氏一族とおぼしき名が何名も確認できることから裏づけられる。さらに、宇津氏は一五七九年(天正七)に明智光秀の攻撃によって滅びたため、文書を一切残していないが、②で述べる結びつきからか、宇津氏関係の文書の一部が、山国荘の荘官(大杣方公文)で、地侍クラスの有力百姓でもあった鳥居氏の手に移り、今日まで伝えられている。

これらの史料によれば、宇津氏の一族は、山国荘をはじめとする宇津郷近隣の地域において、積極的に田畠を購入したり、あるいは、貸し付けた米や銭を返却できなかった者から、「抵当流れ」として土地を取り上げたりすることによって、「合法的」に勢力を扶植していったことが、はっきりと見て取れる[柴崎 二〇〇九]。

②については、山国荘の公文鳥居氏との婚姻関係があげられる。一五六四年（永禄七）の旧暦四月一六日、宇津氏の惣領であった宇津《うづ》長成《ながなり》は、鳥居氏の惣領鳥居《とりい》河内《かわちの》守《かみ》宛に一通の「契約状」を送り、長成の子息虎千世丸《とらちよまる》と河内守の息女との婚儀を整えた。この「契約状」の一部を読み下し文にして掲げると、以下のようになる。

今度《こたび》、申し合わす□□□

一、我ら子息虎千世、□□□□□貴所御息女と縁を結ばれ、御家徳（家督）の儀、譲らるるべきの旨、その意を得候、但し、御息女と虎千世丸、万一、離別申すにおいては、御家徳（家督）の儀は、上表させ申すべきの事、

一、虎千世丸、その方に置き候時は、男女に一人も付くべからず候、小兵衛の事は、付けまいるべからざるの事、

一、貴所御母の儀、隠居分田地三反、御一期の間、相違有るべからざるの事、

一、貴所ご出陣の儀、御目あい煩うにおいては、用捨申すべく候、目、本服候わば、ご出陣有るべき事、

（中略）

右の条々、申し定むるの上は、向後、跡《（カ）》別儀有るべからず、なお、同名山城守、申すべく候、

永禄七年卯月十六日　　　　宇津又次郎
　　　　　　　　　　　　　　長成（花押）

鳥居河内守殿
　　　　まいる

（野田只夫編『丹波国山国荘史料』四三号、原文書にて補訂）

「契約状」は、中略部分も含めると九項目にわたるが、そこには婚姻関係を取り結ぶにあたっての、宇津氏と鳥居氏双方の権利と義務が、こと細かに明記されている。

右に引用した部分だけを見ても、㋐虎千世丸と河内守の息女が離婚した際には、虎千世丸は家督を返上すること、㋑虎千世丸が鳥居氏のもとに婿入りするにあたっては、小兵衛をはじめとする奉公人を一人も付けないこと、㋒鳥居河内守の母に与えられている「隠居分」と呼ばれる田畠（隠居後の生活費を捻出するための田畠）については、彼女が生存中はそれを取り上げたりはしないこと、㋓河内守の眼病が治らない間は宇津氏とともに出陣するに及ばないが、回復したならば出陣すべきことなどが、両者の合意事項としてとりまとめられている（なお、ここで㋑の内容について補足すると、これは、虎千世丸に大人数の家臣を同行させることで、宇津氏が鳥居氏の惣領家を乗っ取る魂胆は持っていないということを約束した条項だと思われる）。

こうして両名は結婚し、虎千世丸は鳥居氏の惣領の地位に就いたわけだが、二人の結婚生活はさほど長続きせず、一一年後の一五七五年（天正三）には離婚してしまった。離婚の原因ははっきりしないものの、元服して又七郎という成人名に変わった虎千世丸の「落度」によって、離婚せざるをえなくなったことがわかる。想像をたくましくすれば、又七郎の「落度」とは女性問題あたりではないかとも思うが、とにもかくにも、離婚に際しては、例の「契約状」の①にもとづいて、宇津氏は鳥居氏に対し、又七郎が鳥居氏の惣領として知行していた所領すべての返還を約している。

明智光秀の猛攻によって宇津氏が滅亡に追い込まれ、禁裏による山国荘の直接支配が回復したのは、それから四年後(一五七九年)のことであった。

いずれにしても、一五六六年(永禄九)の一〇月、山国荘の枝郷上黒田村に、宇津氏の一族である村重《むらしげ》という人物が発給した「制札」(命令を記した木札)が掲げられたこと[峰岸 二〇〇九]、一六世紀の中頃、宇津氏は山国荘の秩序維持に当たることができる存在として、同荘内の田畠を購入した京都の名刹大徳寺から期待されていたこと[柴崎 二〇〇九]などを勘案すると、少なくとも一五三〇年代から一五七〇年代にかけての数十年間、禁裏による山国荘支配が、宇津氏の勢力伸長により妨げられていたことは間違いない。だからこそ、宇津氏を滅亡に追い込んでくれた織田信長に対し、禁裏は謝意を表したのである。*3

こうして、宇津氏が滅亡して禁裏の直接支配が復活したのもつかの間、豊臣秀吉による「太閤検地」の実施と、山国荘東北部に広がる山野(「奥山」)内に点在した大布施《おぶせ》・八枡《やます》・別所三集落の施《せ》薬院《やくいん》への寄進、そして、江戸幕府による山国荘地域の村々の幕領化といった紆余曲折を経て、同地は江戸時代を迎えることとなった。

4　本章のまとめ

本章では、中世の山国荘と天皇家の関係について、具体的に明らかにしてきた。結論をまとめると、以下のようになる。

①　東大寺の僧朝南が建立した某寺の所領として、一〇世紀末の「資材帳」にその名が見える山国荘は、遅くとも鎌倉時代に至ると、朝廷関係の建物の建造・修築を担当する修理職という役所が管轄する荘園となった。

②　一四八〇年(文明一二)の山国奉行烏丸資任解任事件を契機に、修理職領の山国荘は、事実上、天皇家の直轄領(禁裏領)荘園へと変化を遂げた。そして、一六世紀初頭には、地元住民のレベルでも同荘が禁裏領であるという認識が定着した。

③　『御湯殿上日記』という史料によれば、戦国時代には山国荘より領主である天皇家に対し、年貢やさまざまな公事が上納されていたことがわかる。このうちの年貢については、米だけでなく、材木も年貢として徴収された可能性が高い。

④　一五三〇年代頃から、近隣の国人(有力武士)宇津氏が山国荘に介入してくる。宇津氏は、年貢を横領するなどの非合法的な実力行使を行っただけではなく、百姓名や個々の私領田畠の購入、山国荘の有力百姓との婚姻関係締結、といった合法的な手段も用いて、山国荘内に勢力を扶植していった。その結果、山国荘に対する天皇家の権益は、縮小の一途をたどったが、一五七九年

（天正七）に織田信長の命を受けた明智光秀の攻撃によって、宇津氏は滅亡に追い込まれ、天皇家による山国荘支配は回復した。

＊1　この事実は、『京北の文化財』三三二号（一九九四年）という、「京北の文化財を守る会」が刊行する郷土史の雑誌において触れられている。

＊2　同史料は、野田只夫編『丹波国山国荘史料』三一一号として活字化されている。

＊3　明智光秀が宇津氏を滅ぼしたことを、正親町天皇をはじめ禁裏関係者はとても喜んだが、一方で山国荘の地元では、悪逆な光秀が山国荘に攻め込んできたため、鳥居氏・水口氏をはじめとする地侍や有力百姓たちが必死で防戦にあたったとの伝承が残されている。これは、山国荘の百姓の中に、宇津氏の勢力と結んでいた者がかなりいたこと、そして、彼らにとって宇津氏の滅亡と禁裏による直接支配の回復は、必ずしも歓迎すべき事態ではなかったことを、はからずも示す事実だといえよう。

三　由緒書と天皇伝承――「山国荘名主家由緒書」の世界――

「由緒書」。それは、父親から長男へと先祖代々受け継がれる家を確立した百姓、ことに有力百姓が、自家の既得権益を守ったり、家格の維持・向上をはかったりすることを目論み、家の来歴を天皇や将軍といった「貴種」と結びつけてとりまとめた「物語」を文章化したものにほかならない。「由緒書」には、個々の家ごとに作成したものと、有力百姓たちが集団で作成したものとがあるが、これまで、そこに記されていることは、史実とはまるで異なる荒唐無稽なフィクションにすぎず、わざわざ研究するには当たらないとみなされてきた。

しかし、「由緒書」に見えるできごとが、たとえどれほど荒唐無稽だったとしても、そのストーリーを詳しく調べることで、それを作成した人々が、時代を生き抜くために何を切に願い、どんな「歴史」を物語ろうとしたかを読み解くことが可能となってくる。近年、江戸時代後期の村社会における百姓の由緒をめぐる研究がクローズアップされているのも、こうした理由からにほかならない。

ところで、ここ山国荘の故地にも、天皇との結びつきを強調する「由緒書」がかなりの数残されている。本章においては江戸時代に作成された同地の「由緒書」類のうち、私が「山国荘名主家由緒書」と呼んでいるものを取り上げ、オリジナリティ溢れる「物語」の世界に目を向けてみたい。

1 「由緒書」成立の背景

「奥山」と「山国拾ヶ村」 中世の山国荘は丹波山地の山あいに開かれた山間荘園であり、領域内の東北部には、「奥山」と呼ばれる広大な山野が含まれていた(地図参照)。そして、江戸時代になるとこの「奥山」一帯は、山国荘(近世の山国郷)地域の内部に形成された一二の村々、すなわち「山国拾ヶ村」(実際には本郷八ヶ村に枝郷の小塩村と黒田三ヶ村を加えた一二ヶ村だが、史料上では黒田三ヶ村を一村と数え、「山国拾ヶ村」と表記されることが多い)[*1]が分割して領有することとなった。

一方で、「奥山」の山林開発が進むとともに、木材搬出の便から同地に多くの杣人が定住し、山内にはいくつかの小集落が成立してくる。こうした中、一六七〇年(寛文一〇)に「奥山」に点在する小集落の一つである船ヶ原(杓子屋)の住民が、「自分たちの居住地は、丹波国山国郷ではなく、豊臣秀吉の寄進によって山国郷から切り離された山城国施薬院領の大布施・八升両村の領内に含まれる」と主張したことに端を発し、「奥山」の住民と「山国拾ヶ村」の住民との間で紛争が勃発する。

この紛争は、「奥山」を丹波領とするものの、船ヶ原からの年貢の一部を、これまでの慣行に従い、「越米」という名目で施薬院に納めることを認める、との京都町奉行および京都所司代《しょしだい》の玉虫色的な裁定によって、一応の決着をみた。だが、同事件を契機に、船ヶ原をはじめ、いくつかの小集落に分かれて居を構えていた「奥山」の住民は、同地を独立した行政村として認めてくれるよう、幕府の京都代官五味藤九郎に働きかけ始めた。それから五年後の一六七五年（延宝三）に実施された「延宝検地」の際、彼らの要望は聞き届けられ、ここに「奥山」地域は広河原村という行政村として公認されたのである。

一方、「山国拾ヶ村」の側にとって、広河原村とはあくまでも、「奥山」の山内に点在する小集落の集合体にすぎず、広大な「奥山」のうち、「拾ヶ村」側が所有する山林や、その内部に作られた「筏場」（これらの山林や「筏場」は、「拾ヶ村惣作地」と総称された）の領有権は、「拾ヶ村」の側が握っているとの認識を、「拾ヶ村」の有力百姓は相変わらず持ち続けていた。こうした過去の経緯は、幕府の京都代官も認めており、広河原村が「独立」を遂げたとはいっても、それは真の意味での独立とはいえなかった。

いずれにしろ、「奥山」地域に対する「山国拾ヶ村」側の一定の権益は、広河原村の成立以降も残ることになり、「惣作地」内において「拾ヶ村」の許可なく、広河原村の住民が勝手に山林を伐採したり、家屋を建てたりする行為は厳禁されてしまった。そして、このような行為を取り締まるために、「山国拾ヶ村」から「奥山」地域に、「山廻衆」と呼ばれる監視役が、抜き打ち的に派遣された。

では、「山国拾ヶ村」の側は一枚岩かといえば、決してそうではなく、「拾ヶ村」近隣の山野（里山）の領有権をめぐっては、本郷地域の各村と枝郷黒田三ヶ村との間に深刻なトラブルが存在した。しかし、「奥山」の地で伐採した材木を筏に組んで大堰川《おおいがわ》（桂川）を流し、京都市中の嵯峨・梅津・

桂あたりに軒を連ねる材木問屋に売却することで利益を得ていた「拾ヶ村」の村々は、本郷の各村と黒田三ヶ村との間の対立・抗争をひとまず脇に置いて、広河原村の独立による「奥山」内での材木伐採の権益の喪失を阻止するために、共同歩調をとった。

以上のように、山国荘地域の村々は、村人の生業や生活と深く関わる山野の領有の危機という重要問題に直面した際、時に対立したり、時に力を合わせたりしたが、これらの対立・協力の個々の局面において、自らの既得権益の正当化をはかるために、もっともらしい由緒が語られ、場合によってはそれが「由緒書」として書き残されたのである。

ところで、こうした「由緒書」は山野領有をめぐる村々の対立といった、いわば外的な危機を乗り越える目的で作られただけではなく、各村の有力百姓が、村内において平百姓と呼ばれる一般の百姓と対立した時にも、これまで彼らが保持してきた既得権益を正当化する目的で作成された。

ここでの有力百姓の権益は、一章で触れた宮座の問題と関わってくる。つまり、それは宮座の乙名家の特権という形をとって表面化したのであり、だからこそ、有力百姓が集団で作成した「由緒書」は、宮座の場にてとりまとめられることが多かったのである。

以下、山国荘地域の場合、宮座の乙名家の特権が、どんなストーリーをもつ「物語」として「由緒書」にとりまとめられたか、そこでは、どのような形で天皇との結びつきが語られたか、「山国荘名主家由緒書」を素材に読み解いていくことにしよう。

2　「山国荘名主家由緒書」の構成と類型

山国神社と春日神社　山国荘の本郷鳥居村の一角、大堰川を背にして、うっそうと生い茂る鎮守の森の中に堂々とした威容を誇って鎮座する山国神社。正確に言えば、山国神社という社名は後世につけられたものであり、中世の同神社は本郷地域の村々に点在する五つの神社、いわゆる「山国五社明神」の筆頭格として、「山国一宮」と呼ばれていたが[*2]、これまでの研究はこの一宮こそ、本郷地域の八ヶ村のみならず、枝郷の黒田三ヶ村や小塩村までをも含めた、中世山国荘全体の総鎮守であり、そこで大杣方《おおそまがた》と棚見方《たなみがた》という二つの宮座が営まれたとみなしている。

山国神社

中世において、荘園内部の百姓名《ひゃくしょうみょう》の管理責任者に任じられた有力百姓のことを名主《みょうしゅ》と呼ぶが、山国神社の宮座の乙名家は、江戸時代に至ってもなお、名主家という中世的な身分呼称で呼ばれ続けた。同神社の宮座は、名主の本家と目される家々（他地域における乙名家に相当）と、その分家の家々（他地域における座衆家に相当）のみによって組織されたが、江戸時代も中頃になると分家筋はさらに、本家との親疎や分家した時期の違いによって、曹流家《そうりゅうけ》、庶流家《しょりゅうけ》、新撰家《しんせんけ》の三ランクに区分されることになった。

これに対し、目を枝郷の黒田三ヶ村に転じると、中世のかなり早い段階に黒田宮村の現春日神社（中世には「宮野大明神」と呼ばれた）が建立され、さらに後年、上黒田村にも春日神社が分祀されるに及んで、下黒田・黒田宮両村は黒田宮村の春日神社で、上黒田村は同村の春日神社で、それぞれ独自の宮座を営み始めた。そして、遅くも戦国時代までには、現山国神社の宮座の座衆から黒田三ヶ村の有力百姓が事実上離脱した。

しかし、中世的な百姓名《ひゃくしょうみょう》の制度が解体した江戸時代に、名主身分を根拠づけるものは、かつて山国荘の惣鎮守だった山国神社の宮座の座衆ということだけしかなく、だからこそ、黒田三ヶ村の有力百姓たちもまた、名主の特権を保持するためには、たとえ建て前にすぎなくとも、山国神社の宮座の座衆であり続ける必要があった。そんな彼らの立場をもっともよく示しているのが、「山国荘名主家由緒書」である。

成立時期をめぐる二つの立場　室町時代〜江戸時代の上黒田村、現在の京都市右京区京北上黒田町に居を構える坂上谷《ばんじょうや》家に伝存する同史料は、野田只夫編『丹波国山国荘史料』でも活字化されているが（三四九号）、これまで書き出し部分にみえる一文にしたがって、「正治《しょうじ》二年正月三十六名八十八家私領田畑并官位次第《にねんしょうがつさんじゅうろくみょうはちじゅうはっけしりょうでんぱたならびにかんいしだい》」という長たらしい題名で呼ばれてきた（略して「正治二年官位次第」）。正治二年とは西暦でいえばちょうど一二〇〇年のことで、鎌倉時代の初頭、源頼朝が没した年の翌年にあたる。

同史料が正治二年に作成されたわけでないことは、そこに豊臣秀吉が行った太閤検地で一般化する石高表記が見られること、そして、何よりも後半部分に後世の史料が引用されていることをとってみても疑問の余地がないが、では、一体、いつ頃作成されたのだろうか。従来の研究は、文末に追記された一文を根拠に、一六世紀末期の太閤検地のおり、検地の実施によって既得権益が否定されるのを恐れた名主クラスの有力百姓が、その由緒正しさを検地奉行前田玄以《げんい》（秀吉の腹心で亀岡城主。のちの豊臣政権五奉行の一人）に伝え、特段の配慮を求めようとして作成した文書の写しこそが、同史料ではないかと推定している［仲村 一九六七、竹田 一九九六］。

この通説に異を唱えたのが西尾正仁である。西尾は、それが戦国時代にいっぺんに完成したわけではなく、三段階にわたる増補と改変の過程を経て、江戸時代も五〇年以上経った一七世紀後半に至り完成をみた事実を明らかにした［西尾 一九九六・二〇一三］。

西尾の三段階成立説は、なかなかに魅力的であり、本書も通説が想定する一六世紀後半ではなく、それよりも百年近く後の一七世紀後半に、「山国荘名主家由緒書」が完成したとする立場をとる。ただ、増補・改変の回数や、完成版を作成した主体、そして、完成版がこの時期に成立した歴史的な背景など、西尾の見解との間には、少なからぬ違いもある。

「山国荘名主家由緒書」の前半部分　「山国荘名主家由緒書」はきわめて長文の史料だが、それは大きく二つの部分に分けることができる。

前半部分は、文字通り「正治二年官位次第」にあたる部分で、その内容を要約すると、以下の二点にまとめられる。

（1）　桓武天皇による平安京遷都の際、都を造営するために必要な材木（「五三寸三尋荒木《ごさんずんみひろあらき》」と呼ばれる良木）の伐採地として山国杣が選定され、三六人の修理職官人が同地に差し向けられたが、これらの官人の子孫の家三六家と、それらの分家五二家とを合わせた八八家こそが名主家にあたる。

（2）平安時代中頃（摂関政治期）の長和《ちょうわ》五年（一〇一六）に、三条天皇の勅願によって一宮（山国神社）をはじめとする「五社明神」が創建され、神社の維持と祭礼の実施のための費用を捻出する目的で、天皇より一二五石の田畠が寄進された。そして、先の八八家は名主の本家と分家として、この田畠（百姓名《ひゃくしょうみょう》）を維持・管理した。

続いて、三六に及ぶ百姓名の具体的な名前と各々の面積を記し、これらの百姓名の管理責任者である名主家八八家すべてについて、㋐官位・㋑苗字・㋒実名《じつみょう》と呼ばれる正式な名前・㋓官途（官職）などを列挙する。さらに、朝廷に献上する材木の運搬担当者（「貢料木京着歩持之役士」）六五人の名も書き連ねられた。

「山国荘名主家由緒書」の後半部分　後半部分でまず目につくのは、応永六年（一三九九）の年号をもつ後小松天皇の「綸旨《りんじ》」（天皇の命令）を引用した部分である。後小松天皇とは、室町幕府三代将軍足利義満によって南北朝の合一がはかられた際の北朝側の天皇であり、[*3] 南朝側の後亀山天皇から譲位される形をとって、両朝合一後も天皇の地位にあり続けた。応永六年は南北朝合一の七年後にあたるが、同文書も文章表現や内容、奉者《ほうしゃ》の人名などからみて、後世に偽作された「偽文書」の可能性がきわめて高い。

では、「後小松天皇綸旨」という「偽文書[*4]」は、一体どのような内容の文書なのか。そこには、「五社明神」を維持するために、改めて一二五石の田畑を安堵するので、住民はこれらの神社の修復や、毎年恒例の祭礼を滞りなく行えとの天皇の命令が記されている。

一章でも述べたとおり、室町時代の山国神社の宮座は、中国地方によく見受けられる名主座の形態をとっており、名主の地位に就いた有力百姓とその一族のみによって、宮座が組織された［薗部二〇一〇］。つまり、室町時代以降における名主座の分布地域の場合、名主とは宮座の構成メンバーを指し示す語でもあったわけである。

だとすれば、応永六年の「後小松天皇綸旨」は、山国神社の宮座の座衆＝名主一族という室町時代以降の「常識」を、「五社明神」創建時にまで遡って実態視し、その普遍化をねらう目的で作られた「物語」だと考えることができよう。

また、一七世紀前半に「山国拾ヶ村」による「奥山」の分割が進行する中で、名主家クラスの有力百姓が「奥山」内で領有していた山林への入会権を固定化しようとする目論見が進行する。この目論見を正当化する理由づけとして、本家三六家と曹子家（分家）五二家、合わせて八八家からなる名主一族こそが、平安京の造営に必要な「五三寸三尋」の材木を切り出した官人の子孫にあたり、その功績から、名主家には「斧役」と呼ばれる「奥山」への入会権が与えられたとの「伝承」が創り出され、それが「山国荘名主家由緒書」の中に取り込まれた。

さらに、①長和五年（一〇一六）に三条天皇の命によって創建された「五社明神」がしだいに荒廃したため、天福《てんぷく》元年（一二三三）には四条天皇の命でその再建がはかられ、改めて一二五石が寄進されたこと、②鎌倉幕府が滅亡した際、北条氏の与党が山国荘に乱入し、乱暴の限りを尽くしたこと、③南北朝の内乱時には、北朝の光厳《こうごん》上皇が山国荘の井戸村に臨済宗の名刹常照寺《じょうしょうじ》を建立し、都の混乱を避けて、そこに隠棲したこと、④応永六年(一三九九)に「後小松天皇綸旨」が発せられ、南北朝の内乱で荒廃した「五社明神」の再建と、由緒が不明になった名主家の再興がはかられたこと、⑤天正年間に明智光秀の軍勢が山国荘内に乱入し、防戦に当たった多くの名主家は力及ばずに討死したり、他所に流浪したりしたこと、⑥天正一〇年(一五八二)、山崎の合戦で明智光秀が豊臣秀吉に滅ぼされたことにより、諸国を流浪していた名主家が山国の地に戻ったものの、「由緒書」の類をみな喪失してしまい、百姓身分に落ちざるをえなかったことなど、山国荘地域をめぐる波乱万丈の歴史が虚実おりまぜて語られている。

なお、⑤について補足すると、地元では今日に至るまで語り継がれている明智光秀の軍勢の山国荘への乱入事件を、同時代の史料から確認することはできない。二章で明らかにしたように、そもそも、光秀は正親町天皇より依頼を受けた織田信長の命で、宇津氏による山国荘の年貢横領を排除する任を負っていたのである。しかし、山国荘の有力百姓の中には、宇津氏と結びついた勢力もあったことから、光秀の攻撃によって宇津氏が滅ぼされた時、宇津氏とともに山国荘から排除された彼らが、光秀の没落後に同地に舞い戻ったおりに、「光秀逆賊説」を意図的に広めた可能性が高い。おそらく、後世、その伝承が形を変えて、光秀の軍勢による「山国荘乱入事件」という「史実」として定着したのではないだろうか。

二種類ある「山国荘名主家由緒書」　ここで注目したいことは、同史料は二つの類型に区分できるという事実である。

実のところ、上黒田村の坂上谷家に伝わる「山国荘名主家由緒書」だけでなく、私が責任者となって長年続けている古文書調査においても、同史料と類似した史料が、中世には山国荘の荘官(大杣方公文)の地位に就いていた本郷鳥居村の鳥居家に計三点、山国神社に一点、それぞれ伝存することが判明しているし、また、いずれの家から流出したか定かでないが、京都市内の古書店にて売りに出された巻物形式の「山国荘名主家由緒書」を、私の勤務先中央大学の図書館が購入している。

これらの「山国荘名主家由緒書」について、坂上谷家所蔵文書中のそれを(A)、鳥居家所蔵文書中の三点を、各々(B)、(C)、(D)、山国神社所蔵文書中の一点を(E)、中央大学図書館所蔵の一点を(F)とし、[*5]以上六点を類型Ⅰ、類型Ⅱに区分すると、類型Ⅰには(C)、(D)、(E)、(F)の四点が、類型Ⅱには(A)と(B)の二点が含まれる。

両類型の違い　では、類型Ⅰと類型Ⅱの違いは、どのあたりにあるのだろうか。

第一に、類型Ⅰには「正治二年官位次第」(前半部分)しか載っていないのに対し、類型Ⅱには本郷地域で流布していた「後小松天皇綸旨」をはじめとする後半部分もすべて網羅されており、後者こそが「山国荘名主家由緒書」の完成版にあたる。この事実は、類型Ⅰが類型Ⅱよりも先行して作成された可能性を、言い換えれば、類型Ⅰをもとにして類型Ⅱが作られた可能性を示唆する。

第二に、類型Ⅰと類型Ⅱに記されている名主家の名前には、かなり大きな違いが認められる。表を見ていただきたい。同表は、Ⓐ天文九年の年号を持つ「名職帳《みょうしきちょう》」と呼ばれる「由緒書」、Ⓑ「山国荘名主家由緒書」の類型Ⅰ、Ⓒ同じく類型Ⅱの三者(正確には、類型Ⅱをさらに二区分しているので四者)について、㋐各々に記載されている百姓名《ひゃくしょうみょう》の名前、㋑各百姓名を管理する名主の苗字をリストアップしたものである。

表1　「山国荘名主家由緒書」と天文9年「名職帳」に見える名主家の家名

	天文9年「名職帳」	「山国荘名主家由緒書」		
		類型Ⅰ （C）、（D）、（E）、（F）	類型Ⅱ （A）	類型Ⅱ （B）
久　宗	村山、上久保	村山、上久保	村山、上久保	村山、上久保
久　延	小畠、森下	小畠、森下	小畠、森下	小畠、森下
国　貞	宇津和、林中	宇津和、林	宇津和、×林、●**次河（菅河）**	宇津和、林、**次河（菅河）**
宗　貞	窪田、上麹屋	窪田、小路谷	窪田、小路谷	窪田、小路谷
末　吉	林、林中	林、下坊	林、下坊	林、下坊
清　遠	今安、中窪	今安、井上	今安、井上	今安、井上
行　景	塔本、角辻	塔本、辻	●**大東**、塔本、辻	**大東**、塔本、辻
重　家	石畠、釜田	石畠、釜田	●**畑**、石畠、×**吹上**	**畑**、石畠、**吹上**
恒　守	清水、赤田	清水、米田、立花	×清水、米田、畑中上	清水、米田、畑中上
守　吉	田尻、林中	田尻、中林、溝尻	田尻、中林、**上野**	田尻、中林、**上野**
貞　友	溝口、北	溝口、北	溝口、×北、●**内田**	溝口、北、**内田**
助　武	水口、栖木	水口、川北	水口、川北	水口、川北
行　永	横田、下上（志田上）	横田、志田上	横田、志理（志田上の誤記）	横田、志理（志田上の誤記）
吉　恒	大上（大江）、田中	大江、田中	大江、田中	大江、田中
福　久	中久保、井本	中久保、井本、高野	中久保、井本、**東**	中久保、井本、**東**
包　近	庄、新井、長塚	村山、新井、長塚	村山、新井、×長塚	村山、新井、×長塚
国　守	宇津、今安	宇津、今磯	●大江、宇津、今磯	大江、宇津、今磯
久　時	水口、鳥居	水口、鳥居	水口、鳥居	水口、鳥居
末　守	水口、口平井	水口、平井	水口、平井	水口、平井
貞　恒	藤野、新井	藤野、新井	藤野、新井	藤野、新井
為　安	石原、西	石原、西、窪（久保）	石原、西、**平岩**	石原、西、**平岩**
久　恒	水口、下林	水口、下林	水口、下林	水口、下林
恒　弘	大西後、塔下	大西、塔下	●**平岩**、西、塔下	**平岩**、西、塔下
為　国	野上、川原林	階多、野上、川原林	×階多、野上、川原林	×階多、野上、川原林
武　光	小畠後、江口、奥平井	小畠、江口、平井	小畠後、江口、平井	小畠後、江口、平井
国　清	今井尻、上坂上谷	今井尻、坂上谷	●**井本**、×今井尻、上番匠屋	**井本**、×今井尻、上番匠屋
為　末	中番匠屋（坂上谷）、大西前	坂上谷、大西	中番匠屋（→●中高室）、大西	中番匠屋、大西
師　包	下麹屋（小路谷）	森脇、小路谷、**大東**	森脇、小路谷、高山	森脇、小路谷、高山
道　兼		野尻、南	野尻、南	野尻、南
房　光		設楽、赤田	設楽、**内田**	設楽、**内田**
為　清		船越、西山	**井本、和田**	**井本、和田**
定　宣		大江、小野内、中川（→高室）	大江、宇和田、×**鶴野**	大江、宇和田
道　清		比果、前田、新庄	比果、前田、新庄	比果、前田、新庄
末　弘	村山、比果（下司）	下司、村山、高山、**上野**	下司、村山、高山、×**上野**	下司、村山、高山、×**上野**
親　弘		渕川（**菅河**）、大江	次川（**菅河**）、大江	次川（**菅河**）、大江
久　次		水木、上坊、加納	水木、上坊、加納	水木、上坊、加納

注1.　×はその家名が抹消されていることを示す。
注2.　●はその家名が異筆で追記されたことを示す。
注3.　→はその家名が前者の左肩に追記されたことを示す。
注4.　太字は黒田地域の家の家名を示す。

表1を見ると一目瞭然だが、類型Ⅰには、本郷に伝存する「名職帳」と同様に、黒田三ヶ村の有力百姓の苗字がほとんど載っていない。*6 一方で類型Ⅱでは、類型Ⅰに載る名主家の苗字のいくつかを書き換えたり、新たな苗字を書き加えたりすることによって、黒田三ヶ村に居住する有力百姓家の苗字の数を大幅に増やしている。*7

同じく「山国荘名主家由緒書」という題名を付けた史料でありながらも、山国荘の名主家といえば、本郷八ヶ村の有力百姓に限られるといわんばかりの類型Ⅰと、名主家の中に、枝郷黒田三ヶ村の有力百姓の家も多く含まれることを強調する類型Ⅱとの間には、見過ごすことができない違いがあるといえる。*8

「山国荘名主家由緒書」の完成版が語ること　前項でも触れたように、類型Ⅱ中の「正治二年官位次第」の部分では、類型Ⅰに見える名主家の苗字の一部を書き換えたり、別の苗字を追加したりすることで、あたかも黒田三ヶ村の有力百姓が本郷の有力百姓と同様に、中世山国荘の名主の末裔であることを証拠づけようとしている。それは、一連の増補・改変を加えた張本人が、ほかならぬ黒田三ヶ村の有力百姓だったことを意味するのではないだろうか。

ところで、類型Ⅱには応永六年の「後小松天皇綸旨」のすぐあとに、永禄六年(一五六二)の年号を持つ「三箇条吉書《さんかじょうきっしょ》」と、二点の「口宣案《くぜんあん》」が引用されている。

「三箇条吉書」とは、毎年正月の吉日に、領主と村の間で取り交される年頭儀礼的な文書で、「御恩と奉公」の言葉で知られる武士の主従関係にも匹敵する、領主と村の間の双務的な契約関係の更新に関わる書類だといえる。つまり、領主が果たすべき責務と、村が果たすべき責務とを確認し合う目的で、「三箇条吉書」は作成されたのである。

ここ山国荘では、山国奉行の代官二名が、山国神社や春日神社の宮座の場に出向いて、神前でうやうやしく「三箇条吉書」を交付したが、宮座のメンバーとしてそのセレモニーの場に臨席することは、とても晴れがましいことであった。

一方、「口宣案」は官職に任命する旨が記された「辞令交付書」である。山国荘の場合、「三箇条吉書」のケースと同様に、実際に天皇の使者が宮座の場に出向いて、有力百姓一人一人に「口宣案」を授与し、建前上のことながら、彼らを下級の官職に任命した。

問題は類型IIの後半部分に、「三箇条吉書」と二点の「口宣案」がなぜ収録されたのかということである。結論を先に述べると、これら三点の文書は本来の用途が忘れ去られ、それとはまったく異なる目的で引用されていることがわかる。

すなわち、三点の文書を引用した直後の部分には、「永禄六亥年正月十日、山国庄郷士・名主家三十六人へ、源平藤橘氏宣旨《げんぺいとうきつうじせんじ》、一姓に九枚ずつ、御杣御綸旨一枚頂戴罷《まか》りある」という一文が掲げられている。その大意を現代語に訳すと、「一五六三年(永禄六)の一月一〇日、山国荘の郷士家および名主家の当主三六人は、正親町天皇より、それぞれ源氏・平氏・藤原氏・橘氏のいずれかの姓[*9](氏名《うじな》)が記されている「口宣案」を、一つの姓について九枚ずつ(合計三六枚)頂くとともに、合わせて、「御杣綸旨」も一枚頂戴した」といったところになろう。

ようするに、「奥山」において名主家が保持する「斧役」という既得権益(入会権)の正当性を証拠づける書類として、(ア)名主の本家三六家に対して正親町天皇より下されたと称する「口宣案」（「源平藤橘氏位宣旨」）の実例二点、（イ）実際にはまるで別の目的で交付された「三箇条吉書」を、「御杣綸旨」だと解釈した文書一点の計三点を、ここに「引用」したわけである。そして、「正治二年官位次第」にあたる前半部分を改変することによって、この三六家の中には黒田三ヶ村の有力百姓も多く含まれるという「物語」を仕立て上げたのである。

それにつけても、類型Ⅱでは黒田三ヶ村のことを「本郷山国三ヶ村黒田」と表記する一方で、本郷八ヶ村のことを「下山国」と表記しており、そこには黒田地域こそが山国荘の中心、文字通りの山国本郷にあたるという認識が示されている。これもまた、黒田三ヶ村で「山国荘名主家由緒書」の完成版が作成されたことを、如実に物語る事実だといえよう。

一六世紀末期から一七世紀前半にかけてのいずれかの時点で、類型Ⅰが本郷で作成されたが、自らも中世山国荘の名主の末裔だと自負する黒田三ヶ村の有力百姓たちは、一七世紀後半に類型Ⅰの大部分を占める「正治二年官位次第」に改変を施し、その後ろの部分に新たな「物語」をつけ加えることによって、類型Ⅱを完成させたのであった。

3　「山国荘名主家由緒書」の完成版と本郷住民

本郷住民にとっての類型Ⅱ　では、江戸時代にはすでに、山国神社の宮座から完全に離脱していた黒田三ヶ村の有力百姓を、基本的には名主家と認めるつもりがなかった本郷八ヶ村側の鳥居家に、類型Ⅱの（B）が残されているのはなぜだろうか。この点については、黒田三ヶ村で作成された類型

Ⅱの(A)を模写したものが、鳥居家に伝存する(B)だと考えて、まず間違いはない。

その理由は、同じく類型Ⅱに分類されながらも、(A)の場合、「正治二年官位次第」の部分に異筆で、黒田三ヶ村の有力百姓の名が書き加えられているのに対し、(B)には加筆の痕跡がまったく認められず、黒田三ヶ村の有力百姓の苗字も含めて、すべて同一の筆跡で清書されているからである(表参照)。

ようするに、本郷で作られた類型Ⅰをベースにして、黒田三ヶ村の有力百姓の手により類型Ⅱの(A)が作成され、さらにはそれを本郷の有力百姓が「逆輸入」して、鳥居家に残る(B)をとりまとめたというプロセスになるが、ならば、本郷の有力百姓は、黒田三ヶ村で作られた(A)をなにゆえに「逆輸入」したのか。

山国荘の百姓名体制の実態からすると、中世には本郷の有力百姓だけではなく、黒田三ヶ村の有力百姓も名主であった可能性がきわめて高い。おそらく、戦国時代に土地制度としての名体制が崩れ、山国神社の宮座の座衆を名主と呼ぶようになった結果、同神社の祭礼から離れた黒田三ヶ村の有力百姓は、名主とみなされなくなったのではないだろうか。

そうだとすれば、自分たちこそが山国神社の宮座の座衆＝中世山国荘の名主の末裔だと自認し、そのことに強烈なプライドを持っていた江戸時代の本郷の有力百姓が、黒田三ヶ村の有力百姓をも名主家と認めることには、かなりの抵抗があったと思われる。そんな彼らが類型Ⅱを受け入れるには、それ相応の理由があろう。

ここで類型Ⅱが完成をみた一七世紀後半における山国荘地域の社会状況に目を向けると、当時は広河原村の独立問題をめぐって、「山国拾ヶ村」と広河原村との間で、抜き差しならない厳しい対立が表面化した時期であった。

同様に、この時代は五章で述べる大堰川での鮎漁の問題をめぐり、「網役」（朝廷への鮎献上の負担。見返りとして、鮎漁独占の権利が認められた）を楯にとって、下流の村々の鮎漁を極力抑えようとする「山国拾ヶ村」と、京都市中での鮎販売の利益を得ようと目論む下流の村々との間で、これまた厳しい対立が巻き起こっていたが、「拾ヶ村」が一丸となって、下流の村々との争論を有利に進める上でも、本郷の有力百姓にとって、黒田三ヶ村の有力百姓の協力は、なくてはならないものだった。

つまり、広河原村の独立を阻止するために、そして、鮎漁をめぐる下流の村々との争いに勝利するために、本郷八ヶ村の住民と枝郷黒田・小塩の住民が「拾ヶ村」として共闘を組む中で、この千載一遇のチャンスを黒田三ヶ村の有力百姓がとらえ、自分たちもまた中世山国荘の名主家の子孫にあたるという「事実」を、本郷の有力百姓に認めさせようとした。そして、類型Ⅰに改変・増補の手を加え、類型Ⅱを創り上げたのである。

本郷の有力百姓にとっても、これらの争いを有利に進めるべく黒田三ヶ村の協力を得るためには類型Ⅱの内容を認めざるをえなくなる。こうして、類型Ⅱの(A)を筆写した(B)が、本郷の有力百姓鳥居家に残ることになった。

もちろん、本郷の有力百姓側が類型Ⅱを受け入れたのは、黒田三ヶ村との「共闘の証」といった理由からだけではなく、そこには別の理由もあった。それは、類型Ⅱで新たに付け加えられた「物語」の中に、本郷の有力百姓にとっても好都合なことが記されていたからである。

たとえば、㋐応永六年の「後小松天皇綸旨」に見える、山国神社の宮座の座衆の末裔こそが、今日の名主家にあたるといった内容、㋑源・平・藤原・橘の四姓を名のる、三六の百姓名の名主の子孫八八家こそが、現在の名主家として「斧役」と呼ばれる「奥山」への入会権を保有するといった内容、㋒名主家のみが「網役」を負担するといった内容などは、本郷八ヶ村の有力百姓が、自村の平百姓からの「突きあげ」をかわして、自らの既得権益を守り抜く上でも、かなり効果的な「物語」だったと思われる。もちろん、㋑の「物語」は、広河原村の独立を抑える際にも、それなりの効力を発揮したであろう。

この事実は、一八世紀半ばの宝暦年間に本郷の有力百姓が、「古家撰伝集《こけせんでんしゅう》」と呼ばれる独自の「由緒書」を作成したおりに、ほぼ一世紀前に作られた類型Ⅱの内容をかなり参照しているふしが見受けられる点からも、うかがい知ることができる。

4　本章のまとめ

最後に、「山国荘名主家由緒書」の成立過程をまとめ直した上で、天皇伝承の意義や役割についても述べることにしよう。

「山国荘名主家由緒書」の成立過程　まずは「山国荘名主家由緒書」がどのような過程を経て、いつ頃完成をみたかという問題だが、その結論は以下のようになる。

Ⓐ第一段階（一六世紀末～一七世紀前半）　本郷にて「正治二年官位次第」の部分が偽作され、基本

的に本郷の有力百姓の家々が、名主家にあたることを明示する。

Ⓑ**第二段階**（一七世紀後半）　黒田三ヶ村の有力百姓の家々も、名主家に含まれることを正当化するために、彼らの手で「正治二年官位次第」を改変・増補し、そこに自分たちの苗字を書き加える。さらに、応永六年の「後小松天皇綸旨」や、奥山の「斧役」の話を持ち出すことにより、名主家の既得権益の起源をもっともらしい「物語」に仕立て上げ、全体のストーリーをとりまとめる。

つまり、結論として私は「山国荘名主家由緒書」の二段階成立説をとりたい。第一段階に本郷で作成された後、しばらくの間、単独で機能していた類型Ⅰを、数十年後に黒田三ヶ村の有力百姓が持ち出し、種々手を加えて類型Ⅱを完成させたのであって、「山国荘名主家由緒書」という体系性を持った「由緒書」が作り上げられる過程で、黒田三ヶ村の有力百姓がはたした役割は、思いのほか大きかったのである。

「山国荘名主家由緒書」に見る民衆と天皇　それでは、『民衆と天皇』なるタイトルを持つ本書全体のテーマに引きつけた時、「山国荘名主家由緒書」を取り上げたことで、何が見えてくるか。

これまで見てきたように、同史料には、㋐平安京の造営用木を確保するために、山国杣に三六人の官人を派遣したとされる**桓武天皇**、㋑「五社明神」の創建を命じたとされる**三条天皇**、㋒天福元年に「五社明神」を再建し、神領として一二五石を寄進したとされる**四条天皇**、㋓応永六年の「綸旨」によって、南北朝期の戦乱で荒れ果てた「五社明神」の再建と祭礼の復興を命じたとされる**後小松天皇**、㋔永禄六年に「御杣綸旨」を発給して、名主の本家三六家の山野入会権を「斧役」という形で公認したとされる**正親町天皇**という五人の天皇が登場するが、山国荘地域の住民と天皇との結びつきを強調するこれらの「伝承」はすべて、名主家の地位や既得権益の由来と関わるものだとみなせる。

まず、㋐の桓武天皇伝承だが、平安京遷都の際、造営用木としての「五三寸三尋荒木《ごさんずんみひろあらき》」の良木を伐採するために山国杣に派遣された三六人の官人こそが山国の名主家の先祖にあたるという「正治二年官位次第」の部分のストーリーは、それだけでは名主家の由緒をめぐる説明として、やや物足りない気もする。

だが、第二段階に黒田三ヶ村で創作された㋔、すなわち、正親町天皇が名主家の本家三六家に「斧役」を与えたとする「御杣綸旨」の「物語」をプラスすると、平安京造営のため、山国杣の開発に携わった三六人の官人の子孫が名主家の本家にあたり、だからこそ、名主家の本家と分家による「奥山」への入会権の独占が正親町天皇によって公認されたといったストーリーが出来上がり、名主家の特権としての「斧役」の起源が、それなりの説得力を持って説明されることになる。

さらに、㋑三条天皇の勅願による山国神社創建の話と、㋒四条天皇による山国神社の再建話、㋓後小松天皇による山国神社の祭礼復興の話を併せることによって、三六人の官人の子孫が、名主家として山国神社の宮座の座衆の地位を独占することを認められたといったストーリーが出来上がり、これまた、山国神社の宮座は名主の本家と分家のみによって構成されるという近世初期の「現状」を肯定する説明が、もっともらしくなされる(もちろん、その中には黒田三ヶ村の有力百姓も含まれる)。

「物語」から「歴史」へ　いずれにしろ、山国荘の名主家は、「口宣案」により朝廷から与えられた官職をもとにして官途成りを行い、その官職に対応する官途名を名のっただけでなく、源氏・

平氏・藤原氏・橘氏といった姓(氏名《うじな》)も用いた。このような虚実とりまぜた権威づけを行うことで、彼らは自分たちが天皇や朝廷に対する奉仕者＝文字通りの地下《ぢげ》官人(京都周辺の村々に居住した六位クラスの官人)だということを強調したが、それは、平百姓による宮座の開放要求や、名主家の特権廃止要求などの「突き上げ」をしのぎ、既得権益を保持し続ける上で、必要不可欠のことであった。

近世名主家による、一連の権威づけ作業の総仕上げにあたるもの、彼らが保持した権益を正当化する「切り札」にあたるものこそが、ほかならぬ「山国荘名主家由緒書」の「物語」であり、この「物語」(ストーリー)が代々語り継がれることで、いつしかそれは、地域社会公認の「歴史」(ヒストリー)として、確固たる地位を占めたのである。

なお、「山国荘名主家由緒書」は、平百姓の「突き上げ」から名主家の既得権益を守る役割をはたしただけではない。山国荘地域の山林開発は、桓武天皇の命で平安京造営用木の伐採に活躍した三六人の官人の手による開発に起源を持ち、彼らの子孫にあたる山国神社の名主家が、「斧役」という形で「奥山」の開発権を保持することには正当な根拠があるというストーリーを流布させることで、広河原村との争論を進める際にも、同史料は重要な役割をはたしたと思われる。

＊1　下・鳥居・中江・塔・辻・比賀江・大野・井戸の各村からなる本郷八ヶ村ならびに小塩村(以上、現山国地域)、下黒田・黒田宮・上黒田の各村からなる黒田三ヶ村(以上、現黒田地域)の総称。髙橋雅人によれば、「山国拾ヶ村」という語がはじめて用いられたのは、後述する「奥山」をめぐる広河原村との争いのさなかの一六七四年(延宝二)のことであった[高橋 二〇〇九]。また、中世的な荘園制度が、豊臣秀吉の行った太閤検地によって解体したことを受け、江戸時代になると、地域社

会全体を指し示す地名として、山国荘に代わり、山国郷という呼称が用いられるようになった。

＊2　一六世紀初頭の公家の日記(『実隆公記』)に、「山国一宮」が火事で焼失したとの記事が見え、戦国時代の同神社が「山国一宮」と呼ばれていた事実が判明する。

＊3　山国荘本郷井戸村に所在する名刹常照寺は、北朝の光厳上皇が晩年隠棲し、その墓所も築かれている。このように、南北朝時代の山国荘の地は、北朝系の天皇との結びつきが強い場所であった。

＊4　「後小松天皇綸旨」は、本郷鳥居村の鳥居家や、本郷井戸村の江口家にも単独で伝存する(『丹波国山国荘史料』一五号、一二三号)。

＊5　(B)、(C)、(D)は、平成一七年度〜平成一九年度科学研究費補助金・基盤研究(C)研究成果報告書『中世後期〜近世における宮座と同族に関する研究』(研究代表者・坂田聡)所収「鳥居等家文書目録」一―一、一―二、一―三。(E)は同前所収「山国神社文書目録」三―一一四。なお、「山国荘名主家由緒書」は本郷鳥居村の辻健家にも一点伝存するが(同前所収「辻健家文書仮目録」一五―一)、残念ながら本書での利用には間に合わなかった。

＊6　表の天文九年「名職帳」に記されている「名主家」のうちには、福久名の井本家、国清名の上番匠屋家(上坂上谷家)、為久名の中番匠屋家(中坂上谷家)、為安名の西家、吉恒名の大上家(大江家)という五家の苗字(家名)が見受けられる。これらの苗字を持つ有力百姓の家は、黒田三ヶ村にも存在するが、本郷中江村に西家が現存するほか、今日ではみな絶家しているものの、井本・上番匠屋、中番匠屋の三家は本郷塔村の名主家、大江家は本郷井戸村の名主家であった。

つまり、この五家の苗字は、黒田三ヶ村の家のものではなく、本郷の有力百姓の家のものなのであり、天文九年の「名職帳」には黒田三ヶ村の有力百姓の苗字がひとつも載っていないことになる。

さらに、類型Ⅰと「名職帳」とを比較してみると、両者に共通する二九の百姓名における名主家の苗字は、ほぼ一致している。したがって、類型Ⅰに見える西・井本・番匠屋（坂上谷）・大江の苗字もまた、本郷の有力百姓の家のものであり、黒田の有力百姓の家のそれではない。ただし、「名職帳」に見える名主家の総計が二九なのに対し、類型Ⅰの百姓名の総計は三六であり、この増加部分に上野家・菅河家・大東家、そして改めて大江家の苗字が載せられている（表参照）。これら四家はすべて黒田三ヶ村の有力百姓であることからすると、類型Ⅰは、少し以前に偽作されたと思われる「名職帳」よりも黒田側に若干の配慮を示し、八八家におよぶ名主家のうちの四家だけを黒田三ヶ村の有力百姓の家に割りあてたとみることができよう。

＊7　類型Ⅰにおいて、すでに上野・菅河・大東・大江という黒田の有力百姓の家々が、本郷の有力百姓によって名主家として認められていたが、類型Ⅱでは、絶家した本郷の名主家の苗字を抹消して書き直したり、あるいは、まったく新たに書き加えたりすることによって、内田家・和田家・平岩家・吹上家・畑家・井本家の苗字が、名主家として新たにリストアップされた。残る西家と坂上谷家は、本来、本郷の有力百姓の苗字であったにもかかわらず、それを黒田三ヶ村の有力百姓のものとして読み替えたのではないかと思う。

＊8　黒田の両春日神社と、本郷の山国神社との決定的な違いは、後者が三条天皇の勅願によって創建されたという「天皇伝承」を持ち、しかも、山国荘の総鎮守の位置を占めていた点にある。その結果、天皇に結びつく「伝承」を持たない黒田宮・上黒田の両春日神社の宮座のメンバーであったとしても名主とは認められず、黒田三ヶ村の有力百姓たちは、たとえ建て前にすぎないにしろ、山国神社の宮座の座衆であり続ける必要があった。

＊9　苗字は中世の武士が用いはじめた、先祖代々続く個々の家の家名なのに対し、姓は古代貴族が組織した氏《うじ》、すなわち、天皇に奉仕する目的で形成された集団のメンバーが共有する氏名《うじな》であった。

つまり、姓(氏名)と苗字(家名)は、まったく別物なのであって、姓は基本的に、天皇や朝廷と関わる公的な書類や公的な場において用いられる特別な名前なのである[坂田 二〇〇六]。

四　書きかわる家の歴史
——「西家永代書留」と「古家撰伝集」——

三章では、江戸時代前期に作られた「山国荘名主家由緒書」を読み解いた。だが、同地の有力百姓はその後もいくつかの「由緒書」を作成している。そこで、四章では黒田宮村の有力百姓西家がとりまとめた「西家永代書留《にしけえいたいかきとめ》」と、本郷の有力百姓たちが集団で作りあげた「古家撰伝集《こけせんでんしゅう》」を取り上げ、各々の内容を見ていきたい。

1　「由緒書」としての「西家永代書留」

寛文の火事と西佐右衛門　一六七二年(寛文一二)の旧暦三月四日。今日の「おひな祭り」、当時の暦では「上巳《じょうし》の節句」と呼ばれた日の翌朝四時頃(寅の中刻)、山国枝郷黒田宮村の有力百姓で、「山国荘名主家由緒書」の完成版では名主家とみなされている西佐右衛門《さえもん》宅(西家の本家)より出火し、火はたちまちのうちに同家をなめ尽くした。幸いなことに、早起きが当たり前の当時のこと、子どもたちは裸で、大人たちも着の身着のままで家から飛び出し、家族全員の無事が確認されたもののの、すぐ近くに居を構える分家の上西家・下西家、そして菩提寺の正法庵《しょうぼうあん》までもが類焼し、卯の刻、現在の午前五時~七時頃に至ってようやく鎮火した。

この火事の時に一〇歳前後の少年だった次男の佐十郎は、のちに盲目の長男に代わって西家を継ぎ、西佐右衛門を襲名することとなる。火事から一八年ほど経った一六九〇年(元禄三)、三〇歳を前にして一人前の家長に成長を遂げた彼は、同家の来歴を物語る古文書・古記録の類が、先の火災で焼失してしまったことにより、西家や黒田宮村の歴史がたどれなくなってしまうとの強い危機感を抱き、残されたわずかな史料、父母や村の古老から聞き取った伝承などを総動員して、家と村の歴史を書き残す作業に着手した。こうして、「西《にし》家《け》永代《えいたい》書留《かきとめ》」と呼ばれる長文の「由緒書」は上梓された[*1]。

「西家永代書留」の内容　「西家永代書留」の内容は、「伝承」に類する部分と、「史実」に類する部分とに大別できる。もちろん、実際にはどちらに分類するか困ってしまう部分もあるが、いずれにしても、全体を通して「よくぞこれだけ調べ上げたものだ」と思わず感嘆するほど詳細な記述がなされている。

まずは「伝承」を中心とした部分だが、そこでは、①西家の先祖が山国荘に居を定めた理由、②黒田三ヶ村の名主家の名と各家の消長、③光厳上皇が「山国黒田」に三三の百姓名と六六人の名主を定め、四人の「沙汰人」(荘官)に同地を治めさせた事実、④明智光秀による周山城築城(山国荘乱入事件ではない)の際の普請役賦課、⑤太閤検地と山役銭賦課、⑥黒田宮村の有力百姓上野家・江後家・菅川家・内田家の来歴をはじめ、虚とも実ともつかないさまざまな「物語」が語られる。

これに対し、「史実」を中心とした部分には、㋐西家歴代の家長の名前と妻の名前、㋑妻の実家、

㋒子どもたちの名前と嫁ぎ先などが、戦国期から佐右衛門本人の代に至る六代、約二百年間近くにわたってとりまとめられている。

さらに、㋓分家の上西家・下西家についても、簡略ながら同様の記載が見えるほか、㋔歴代、西家に養子を出した家の苗字、㋕寛文の火災で焼失した家宝の名、㋖被災した西家(本家)、上西家、下西家、正法庵の各々が修築された時期、㋗正法庵の来歴、㋘「奥山」と「葺役《ふきやく》」をめぐる諸問題、㋙「里山」である片波山《かたなみやま》をめぐる諸問題、㋚延宝検地における「山国拾ヶ村」各々の村高などが、きわめて詳しく叙述される。

「西家永代書留」に見る天皇・朝廷伝承　前者の「伝承」中心の部分において、特に注目したいのは①と③である。

第一に、①にあげた西家の来歴だが、現代語訳すると以下のようになる。同家の始祖は平安時代の延喜《えんぎ》年間(九〇一～九二三年)に、内裏《だいり》の西門を守護していた橘清祐《たちばなのきよすけ》(西佐衛門尉《にしさえもんのじょう》)なる役人であり、のちに彼は何らかの罪で出雲に流罪となった。彼の妻は采女上《うねめのじょう》(采女尉)の娘で、夫から家宝(七寸五分の脇差)を譲り受け、身重の身体で彼女の出身地、摂津国西宮に移り住んで男児を出産した。その後、彼女は成長した子息橘左近大夫《さこんのたいふ》とともに京に上り、伝手《つて》をたどって彼を仕官させようと試みたものの、思うに任せず、やむなく長坂峠越えで丹波国山国荘にたどり着き、同地に隠棲した。そして、それからしばらく経った長徳《ちょうとく》年間(九九五～九九九年)、陰陽師《おんみょうじ》の安部清重《あべのきよしげ》を呼び寄せて吉凶を調べ、現在の場所に居を構えた。

もちろん、これがフィクションにすぎないことは言うまでもないが、その波乱万丈のストーリーはなかなかに興味深い。

ここで注目したいことは、「山国荘名主家由緒書」や、後述する「古家撰伝集」に見える名主家の伝承が、平安京造営の際、建築用材の確保のために山国杣に派遣された地下《ちげ》官人たちを、自らの始祖とみなしているのに対し、「西家永代書留」では、それを延喜年間に内裏の西門を守護した官人に求めている点である。*2

三章で触れたように、「山国荘名主家由緒書」の完成版は、「西家永代書留」が書かれた元禄三年よりも二〇年ほど以前、ちょうど西家で火災が起きた頃(一六七〇年前後)に、黒田三ヶ村の有力百姓たちの手によってとりまとめられており、そのメンバーの中に西佐右衛門の父親も含まれていたことは間違いない。だとすれば、「西家永代書留」の筆者西佐右衛門が、「山国荘名主家由緒書」で語られる「平安京造営時の杣人伝承」を知らぬはずがない。にもかかわらず、あえてすべての名主家に共通するこの「伝承」を用いず、西家独自の家のルーツを記したのは何故か。その理由を明らかにする必要があろう。

第二に、③に掲げた三三の百姓名と六六の名主家をめぐる「伝承」だが、これは「山国荘名主家由緒書」における三六百姓名・八八名主家の「伝承」のアレンジ・ヴァージョンとみなせる。だが、後者で名主家とは、Ⓐ桓武天皇による平安遷都の際、都を造営する上で必要な材木を確保するために山国杣に派遣された官人の子孫にして、かつ、Ⓑ三条天皇によって創建された「五社明神」に対する奉仕者の子孫ということになるのに対し、Ⓐの「伝承」を用いない「西家永代書留」は、名主身分が確立した理由づけとして、別の「伝承」を持ち出さざるをえなかった。

それこそが、南北朝内乱の最中、いつ南朝方に拉致されるかわからない物騒な京都を避け、山国荘本郷井戸村の名刹常照寺《じょうしょうじ》に隠棲して晩年を過ごした光厳上皇の命によって、三三の百姓名と六六の名主家が創設されたという内容の「伝承」である。*3

内裏の西門警備の話にしても、光厳上皇による名主身分創設の話にしても、「西家永代書留」に見られるこれらの「伝承」が、はたして元禄年間に作成された「初版」段階からあったものか否かという点については、のちに検討したい。とはいえ、いずれも自家の由緒を天皇や朝廷と結びつけるものだという点では、「山国荘名主家由緒書」に見える「平安京造営伝承」と何ら変わりがない。江戸時代の山国郷で作られた「由緒書」は、個々のストーリーは異なっても、どれもこれも名主家の地位や特権の淵源を朝廷や天皇家と結びつける形をとったのである。

正法庵の帰属をめぐって　次に、「史実」を中心とした部分に目を向けると、西家の家譜がメインとなる。かつて私は、「西家永代書留」のこの部分の記述に、同時代の他の史料を突き合わすことで、一六世紀初頭に実在した西左近と弟小西右近の段階から、一八世紀初頭にかけての、およそ二百年間にわたる同家の系譜を復元した〔坂田 一九九七〕。

これに対し、本書では㋗正法庵の来歴に注目したい。「西家永代書留」によると、西家の火災のおりに類焼した正法庵は、同家のみの菩提寺であったが、近年、他家からの強い要望により、他家にも開放されたとのことである。

だが、同寺の帰属をめぐっては、同じく黒田宮村の有力百姓内田家との間で、トラブルが発生していた。その際、正法庵は内田家ゆかりの僧が建立した寺であり、内田・西両家の菩提寺だったとの内田家側の主張に反駁を加えた西佐右衛門は、「正法庵が先の火災から復興を遂げた一六七四年(寛文一四)に寺役を負担したことで、内田家ははじめて正法庵と関係を持った」と強弁している。

前嶋敏は、私が作成した西家の系図と、先の火災に関する庄屋菅河庄兵衛より京都代官五味藤九郎に宛てた報告書の内容とを比較検討し、火災発生当時の正法庵の檀家七軒のうちの五軒までが、西家の本家と分家によって占められた事実を明らかにしたが〔前嶋 二〇〇九〕、残りの二家の中に内田家が含まれていたか否かは定かでない。

どちらにしても、「西家永代書留」中の別の部分で、内田家が西家の子方だと記されている点も勘案すると、西家は黒田宮村における由緒正しい名主家であるが、内田家はそうではないとすることによって、正法庵が西家独自の菩提寺だったとの主張の正当化を図ろうとしたのではなかろうか。

わずか二〇年前に黒田三ヶ村の有力百姓の手で作成された「山国荘名主家由緒書」の完成版によれば、内田家は西家・菅川家・上野家ともども、黒田宮村の名主家とされている。その事実を知らぬはずがないにもかかわらず、西佐右衛門はそれをことさらに無視して、黒田宮村の名主家を西家・菅河家・上野家、そして、江戸時代の早い段階で絶家した坂尻家の四家としたのである。

うがった見方をすれば、西家が平安時代の地下官人の系譜を引く筋目正しき名主家であったからこそ、単独で菩提寺を持てたのに対し、名主家ではない内田家は、さしたる由緒もない新興の成り上がりの家にすぎないといったようにもとれる。この記述内容に目を向けた時、天皇や朝廷との結びつきを強調する「由緒書」の究極の作成目的が、まさしく地域社会における自家の既得権益を擁護する点にあったことが明らかとなる。

「光厳上皇名主家創設伝承」と山国陵「守戸《しゅこ》」　以上、「西家永代書留」の内容を見てきたが、ここで問題にしたいのは「光厳上皇名主家創設伝承」である。

鎌倉幕府の滅亡と南北朝の内乱に翻弄され続けた光厳上皇。その生涯は文字通り波乱万丈であったが、上皇は晩年、禅僧となって山国荘に隠棲し、自らが建立した名利常照寺にて、静かに余生を送った。そして、没後は同寺に隣接する山国陵に葬られた。

ところで、この山国陵をはじめとする「陵墓」を日常的に管理する目的で、江戸幕府の手によって幕末に設置された公的な役職として、「守戸」があげられるが、六章で詳しく述べるように、実は幕末当時の西家の家長、西嘉左衛門《かざえもん》が、常照寺住職魯山《ろさん》和尚の斡旋で「守戸」に任命されたのである。

「守戸」に任じられた者は、「苗字・帯刀」を公認されて「士分《さむらいぶん》」(郷士《ごうし》)に取り立てられ、名主クラスの有力百姓よりも上位に位置することになったが、ここで疑問に思うのは、常照寺を建立し、山国陵に眠る光厳上皇をもって、名主家の創設者とみなす「西家永代書留」の「伝承」が、西嘉左衛門の山国陵「守戸」就任という、一八〇〇年近くのちの時代の歴史的事実と、あまりにもうまく合致しすぎているのではないかという点である。

読者の中には察しがついた方もおられるだろうが、三章で論じた「山国荘名主家由緒書」の二段階成立説と同様に、「西家永代書留」もまた、幕末の段階に一定の改訂の手が加えられた可能性が高いのではないかと、私は考えている。*4

つまり、幕末の山国郷に生きた西嘉左衛門は、「常照寺一件」と呼ばれるトラブル(六章参照)の中で、光厳上皇が眠る山国陵の「守戸」の地位に就いた自家の由緒を正当化することを目論み、元禄版の「西家永代書留」にはその記述がなかった「光厳上皇名主家創設伝承」を書き加え、新たな「西家永代書留」を完成させたのではなかろうか。

そして、それとつじつまを合わすため、自家のルーツについても、「山国荘名主家由緒書」等によって広く流布していた「平安京造営時の杣人伝承」を用いずに、「内裏西門守護者伝承」を持ちだしたのである(「平安京造営時の杣人伝承」だと、名主家の創設者は光厳上皇ではなく、桓武天皇と三条天皇になってしまう)。

おそらく、「西家永代書留」の初版を作成した西佐右衛門は、二〇年前に完成を見た「山国荘名主家由緒書」に見える「平安京造営時の杣人伝承」を自家のルーツとしたのではないかと思われるが、「光厳上皇名主家創設伝承」を流布させる必要があった幕末の西嘉左衛門は、自家のルーツを「杣人伝承」とは別のところに求めざるを得なかったのであろう。

2 本郷の名主家と「古家撰伝集」

「山国荘名主家由緒書」から「古家撰伝集」へ さて、江戸時代の山国本郷の有力百姓が集団で作成した「由緒書」として忘れてならないものに、「古家撰伝集《こけせんでんしゅう》」がある。これは、「山国荘名主家由緒書」の内容を受け、その「物語」に新たな「物語」をプラスして創り上げた「由緒書」だといえる。今日においても、「古家撰伝集」が本郷の旧家にいくつも残っていることから考えると、同

古家撰伝集

史料は本郷の名主家と目される家々で筆写された可能性が高く、それを所持することこそはまさに、名主家のステータスシンボルであった。

「古家撰伝集」は、黒田三ヶ村にて「山国荘名主家由緒書」の完成版が作られた時代から百年ほどたった一七六三年（宝暦一三）に最初の版が作成され、[*5]以後、一八〇七年（文化四）と一八四七年（弘化四）の二回にわたり、一定の改変がなされた。[*6]ここでは初版にあたる宝暦年間版の「古家撰伝集」の内容を探ることにしよう。

「古家撰伝集」の内容　「古家撰伝集」は基本的に「山国荘名主家由緒書」の完成版を下敷きにしてとりまとめられているが、両者の決定的な違いは、前者が本郷のみで流布した「由緒書」であり、そこには本郷の有力百姓の家名のみが、名主家の名としてあげられている点である。

では、宝暦版の「古家撰伝集」にはどのようなことが記されているのか。まずは江戸時代の名主家の来歴だが、この部分は基本的に「山国荘名主家由緒書」とほぼ同内容であり、①平安京造営の際、桓武天皇が建築用材確保のために官人を山国杣に派遣したこと、②長和五年（一〇一六）に三条天皇の勅願によって山国神社をはじめとする「五社明神」が創建され、その神役負担者三六人をもって名主としたこと、③三六人の名主の子孫は繁栄し、やがて八八家となったこと、④天福元年

（一二三三）に四条天皇の命令で、荒廃した「五社明神」の再興がはかられたこと、⑤応永六年（一三九九）には「後小松天皇綸旨」が発せられ、南北朝内乱期の戦乱で荒れ果てた「五社明神」の再建と神事の復興が命じられたこと、⑥天正年間における明智光秀の軍勢の山国荘乱入により、多くの名主家が没落したことなどが簡潔に述べられている。

しかし、天皇家や朝廷との結びつきだけでは不十分とみたのか、「古家撰伝集」は新たに、足利将軍家や室町幕府との結びつきを強調する由緒もつけ加えた。具体的には、⑦応安《おうあん》四年（一三七一）に山国荘を訪れた室町幕府の管領《かんれい》（将軍に次ぐナンバー2の地位）細川頼之《よりゆき》に対し、南北朝内乱で荒れ果てた「五社明神」の窮状を訴え出たところ、彼の斡旋によって、朝廷から神領安堵の「綸旨」が下されたこと、⑧三代将軍足利義満の命によって、修復された「五社明神」に足利家の家紋である「二引両《ふたつひきりょう》」の紋の使用が認められたことなどがそれに当たる。

また、「これでもか」と言わんばかりのさらなる権威づけとして、「古家撰伝集」では、⑨寛正《かんしょう》三年（一四六二）に後花園《ごはなぞの》天皇の「綸旨」が発せられたことにも筆が及ぶ。[*7]

さらには、明智光秀の滅亡後、豊臣秀吉政権のもとで太閤検地が行われ、前田玄以《げんい》が検地奉行として山国の地に入部したこと、検地のおりに「五社明神」の神領は免税地として認められたものの、名主家の私領は小作人たちの名請け地とされ、彼らの土地保有権が認められたため、名主家の中には困窮して没落し、絶家となる家もあらわれたこと、そこで、名主家の家筋を分家まで含めて明確にして、「五社明神」の祭礼を復活させたこと、今後、絶家となった名主家があらわれた時には、「名主仲間」でその屋敷地を一時的に預かった上で、後日、家を相続できる人物が出てきた時に屋敷地を返却し、家の再興をはかるようにしたことなどが記される。

「古家撰伝集」の特色　次に、「古家撰伝集」の特色について、西尾正仁の見解に耳を傾けてみたい〔西尾 一九九六〕。西尾によれば、宝暦版「古家撰伝集」の特色は、本家・曹流家《そうりゅうけ》・庶流家《しょりゅうけ》・新撰《しんせん》家《け》という家格制が導入された点に求められるとのことである。もう少し詳しく説明すると、名主家の本家の家名を明示するとともに、分家については、分家した時期や、本家との親疎を基準に、曹流家・庶流家・新撰家の三ランクに区分した。そして、名主家ごとに、現在の分家がどのランクに分類されるか、こちらも具体的に明示した。

こういった分家の区分が導入された理由として、西尾は「古家撰伝集」が山国神社の宮座の内部規範であり、いわば「内向き」に作られた「由緒書」だったことをあげる。

およそ百年前に完成を見た「山国荘名主家由緒書」が作成された理由は二つあった。第一の理由は、山国郷内の各村において力をつけてきた平百姓たちによる、名主家の既得権益を否定しようとする動きを極力抑えること、そして第二の理由は、広河原村との間で争われた「奥山」の領有をめぐる紛争や、鮎漁をめぐる下流の村々との間の紛争のような外部勢力との対立・抗争によって、名主家の既得権益が侵害される事態を防ぐことである。つまり、「山国荘名主家由緒書」は外部勢力に対して、「山国名主仲間」の由緒正しさと権益の正当性を誇示する目的で作られたものであった。

一方、「古家撰伝集」の文中には、江戸時代になってもなお、「家筋の乱れ」が発生している事実が記されているが、この「家筋の乱れ」とは名主家の本家・分家関係の乱れにほかならない。したがって、「古家撰伝集」は山国神社の宮座を構成する本郷八ヶ村の名主家レベルでの本家・分家関係の乱れを正すために作られた可能性が高い。

確かに、百年前に作られた「山国荘名主家由緒書」の完成版にも「曹子家」という名で分家の記載があるだけでなく、先に見た「西家永代書留」においても、一七世紀初頭の黒田宮村で、西家から分家をとげた上西・下西両家が、名主家クラスの有力百姓の一族として活躍しており、本郷の山国神社にしろ、黒田三ヶ村の両春日神社にしろ、遅くとも江戸時代初頭頃には宮座のメンバーに分家も含まれたことは間違いない。

ただ、曹流家・庶流家・新撰家の三ランクに分家が区分され、名主家一軒ごとに、各々のランクに当てはまる分家の家名が明記されたのは、宝暦版の「古家撰伝集」が最初だといえる。ようするに、「古家撰伝集」が作成された一八世紀後半の段階に至ると、山国郷の宮座は株内と呼ばれる同族(名主家の本家と分家とからなる相互扶助組織)の連合体といった様相を呈することになったのである。

西尾の考察によると、「古家撰伝集」に見える本家四三家のうち、嫡流と記される家は二四家(五割強)にすぎず、残りの半分弱は、嫡流家が絶家したり、衰退したりしたあと、嫡流家にとって代わって本家となった分家だったとのことだが、だからこそ、この段階で今一度、名主家の由緒をはっきりさせた上で、どの家が本家で、どの家が曹流家・庶流家、そして新撰家なのかを確定し、各々の家筋の固定化をはかる必要があったのではないだろうか。

しかし、たとえ「古家撰伝集」が山国神社の宮座メンバーを対象とした「内向き」の「由緒書」だったとしても、そこに記されているメイン・ストーリーは、「山国荘名主家由緒書」と同様の天皇伝承であって、由緒正しき名主家とは、㋐平安京造営の際に桓武天皇が山国杣に派遣した官人の子孫にして、㋑三条天皇の勅願により創建された山国神社の宮座の構成員の子孫でもあるとの認識が、「古家撰伝集」においても一貫していることは、改めて述べるまでもない。

本郷の名主家本家の中には、絶家あるいは零落した名主家から「口宣案」を買い取り、本家の地位を手に入れた家もあったが、今後はこうした事態を防ぐために、名主家の本家が没落した場合には、山国神社の宮座の座衆が、その家の「口宣案」を買い取ることにすると、「古家撰伝集」には記されている。おそらく、しばらくの間、同家を村抱えとした上で、しかるべき後継ぎが出てきたおりには「口宣案」を返却し、家の再興をはかる算段だったのであろう。

彼らは、そんな涙ぐましい努力をしてまでも、天皇伝承によって支えられている名主家の本家の地位を守り抜こうと悪戦苦闘し続けたのである。

改訂版の「古家撰伝集」　さて、本郷の有力百姓の手によって宝暦版の「古家撰伝集」が作られ、村々の名主家が、家の由緒を記した重要文書としてそれを先祖代々大切に持ち続けるようになってから四十数年後の一八〇七年（文化四）、そして、それからさらに四〇年ほど経った一八四七年（弘化四）の二回にわたり、「古家撰伝集」の改訂版が作成された。

正確に言うと「改正古家撰伝集」と名付けられている弘化版の最大のポイントは、宝暦版「古家撰伝集」で確定した、本家・曹流家・庶流家・新撰家という四ランクの家格制度を、本家・曹流家・庶子家・准庶子家・新席家という五ランクの家格制度に変更した点にある。*8 あわせて、名主家ごとに分家の家格の抜本的な見直しもはかられた。

ようするに、名主家の分家が増加するにしたがって、祭礼時にどちらの分家が上席に着くかといった、分家のランク付けをめぐるさまざまなトラブルが発生したため、ランク数を増やし、各分家のランク付けを再度見直すことで、こうした事態に一定の歯止めをかけようとしたのである。

西尾は、一八世紀に至り商品経済が発展する中、経済的に裕福となった平百姓が出現する一方で、経済的に困窮して没落する名主家も出てきた事実に目を向け、こうした事態の進行による名主家の地位の不安定化こそがまさに、「古家撰伝集」を改訂しなくてはならなかった究極の理由だと述べたが、それは、いかに天皇家との関係の深さを声高に主張したとしても、現実の社会変動に直面して、名主家の地位と権益を守り抜くことは、至難の業だったという事実を示している。

ただし、そうは言っても、そこにはやはり、時代の変化に対応しながら、自らの特権的地位を何としても維持していこうとする、本郷各村の名主家本家の並々ならぬ決意があり、だからこそ、改訂版の「古家撰伝集」は作成されたのである。

3　本章のまとめ

本章では、江戸時代中期以降の山国郷で作られた「西家永代書留」と「古家撰伝集」を例にとり、各々の「由緒書」で語られている「物語」の特色について見てきた。そこで明らかになったことをまとめ直し、本章を閉じたい。

「西家永代書留」　まずは一六九〇年(元禄三)に黒田宮村の西佐右衛門の手によって作成された

「西家永代書留」について。

①「西家永代書留」は、一八年前の火災が原因で、自家と村の由緒・来歴をたどれなくなることを恐れた西佐右衛門が、独力で書き上げた「由緒書」である。同史料では西家のルーツを、平安京造営に関わった官人に求めるのではなく、内裏の西門を守護した官人に求めている。また、山国荘の名主の起源についても、山国神社の宮座のメンバー＝名主という説はとらず、光厳上皇が名主家を創設したとの立場をとる。

②同史料には西家の菩提寺正法庵の帰属問題など、同家の既得権益に関わることも記されている。その意味で、個々の「物語」は二〇年前の「山国荘名主家由緒書」で語られた「物語」と異なるものの、自らの権益の正当化をはかるために、権益の源を天皇や朝廷と結びつけるという根本的な発想において、両者は本質的に共通性をもつ。

③「光厳上皇名主家創設伝承」は、幕末の西家家長嘉左衛門が、常照寺住職魯山和尚の斡旋によって山国陵の「守戸」に任じられた歴史的事実と、あまりにもうまく合致しすぎている。おそらく、元禄期に作成された「西家永代書留」に、西家のルーツをめぐる記述と「光厳上皇名主家創設伝承」をめぐる記述を書き加えることによって、西嘉左衛門は自らの「守戸」就任を根拠づけようとしたものと思われる。

「古家撰伝集」　次に、一七六三年(宝暦一三)に本郷で作られた「古家撰伝集」について。

①「古家撰伝集」は、山国神社の宮座を構成する本郷各村の名主家とその分家のみを対象とする「由緒書」であり、特色としては、曹流家・庶流家・新撰家という、分家内部の家格制の制定が

あげられる。この事実は、名主家の由緒と既得権益の正当性を、外に向かって誇示することを目的として作成された「山国荘名主家由緒書」とは異なり、「古家撰伝集」が本家・分家間の家格の乱れを正すことを目的として作成された、「内向き」の「由緒書」であったことを意味する。

②「古家撰伝集」は、一八〇七年(文化四)、一八四七年(弘化四)の二度にわたり改訂された。弘化版の「古家撰伝集」では、分家の家格が曹流家・庶子家・准庶子家・新席家の四ランクとなったが、それは、宮座の場における分家間の席次争いに歯止めをかけることを目的とした改訂であった。

以上を踏まえ、次章では江戸時代における有力百姓と天皇・朝廷の関係について、山国郷地域の事例に即して具体的に見ていきたい。

*1　同史料は、野田只夫編『丹波国黒田村史料』一四八号として活字化されている。

*2　つまり、内裏の西門の警備をしていたからこそ、西という苗字になったということになろう。

*3　室町幕府内部における足利尊氏派と弟直義《ただよし》派の抜き差しならない対立(「観応《かんのう》の擾乱《じょうらん》」)を契機として、一三五二年(正平《しょうへい》七、観応三)には一時的に南北両朝の和解が実現したが、この「正平の一統」が破れた際、北畠親房によって光厳上皇をはじめとする北朝方の三上皇が、南朝方の拠点賀名生《あのう》に拉致される事件が発生している。

*4　この推測の裏付けとしては、現存する「西家永代書留」の料紙が、一七世紀末(元禄期)のものにしては、あまりに新しすぎる点があげられる。

*5　本書では、本郷鳥居村の鳥居家に残された宝暦版の「古家撰伝集」(平成一七年度～平成一九年

度科学研究費補助金・基盤研究(C)・研究成果報告書『中世後期〜近世における宮座と同族に関する研究』(研究代表者・坂田聡)所収「鳥居等家文書目録」一—二一)、山国神社に残されたそれ(同前所収「山国神社文書目録」三—一二二—一)、さらには高室美博家に残されたそれ(同前所収「高室美博家文書(概要調査)」参照)の計三点を、底本として用いる。

＊6　宗教民俗学者の竹田聴洲は、宝暦版の「古家撰伝集」に慶安元年と延宝二年に家筋の乱れを正したと記されていることから、そのおりにも「古家撰伝集」が作成されたのではないかと推測している[竹田　一九九六]。だが、史料的にその徴証はなく、また、一七世紀後半に作成された「山国荘名主家由緒書」の完成版よりも先に、「古家撰伝集」が成立することはありえないので、やはり、「古家撰伝集」の初版は宝暦版とみなして誤りはないと思われる。

＊7　実際に、現在の山国神社の拝殿には、「二引両」の紋が用いられている。

＊8　本書では、弘化版「古家撰伝集」の底本として、鳥居家所蔵本(鳥居家前掲科研費報告書所収「鳥居等家文書目録」一—三六)と、山国神社所蔵本(同前所収「山国神社文書目録」三—一二六—一)の二点を用いる。なお、本郷井戸村の故江口九一郎家(現江口喜代志家)に残された一文書(同志社大学人文科学研究所編「江口九一郎家文書目録」C—一八)によると、弘化段階には本郷各村の名主家のみならず、枝郷の小塩村・下黒田村・上黒田村にも名主の本家・曹流家・庶子家・新席家が存在したことがわかる。おそらく、幕末に至り、黒田宮村も含めた枝郷諸村の有力百姓の家々が、あらためて名主家として認められたのではなかろうか(本文書を撮影するに際しては、同志社大学人文科学研究所にお世話になった。記して謝意を示したい)。

五　近世の民衆と天皇・朝廷

第三章、第四章での検討から、近世の山国・黒田地域の住民が、由緒書の中で天皇・朝廷とのつながりを強調していた事実が判明した。では、由緒書というフィクションではなく、現実の世界の中ではどうだったのだろうか。

一七五〇年(寛延三)八月、山国本郷八ヶ村に住む有力百姓一八名は、次のような神文《しんもん》(約束や願いを記し、偽りや違反があった場合は罰を受けることを神仏に誓約した文書)を作成した。

神文

一、山国八ヶ村の儀、往古より禁裏様御料にて万端一統に郷法相納め、枝郷迄の掟なども往古の通り相勤め来たり候。然るところ、宝永年中の頃より御料のうち御蔵所その他御旗本に相成り候につき、諸事郷法差し支えに相成り候儀もこれあり歎げかわしく存じ罷りあり、何れ然るべき時節を以て八ヶ村一統の御料に相願い申す願望に候ところ、この度鳥居五八郎殿御縁類の御方よりよろしき願い手筋これあり候。これにより、八ヶ村内談の上にて去る御方様お願い申し、往古より山国の由緒申し立て、本郷八ヶ村共一統御料に成し下され候様に願い奉りたく存じ、すなわち鳥居五八郎殿へ御世話頼み入り候。(以下略)

（「鳥居家文書」二―二一三）

山国本郷八ヶ村は、以前は禁裏御料《きんりごりょう》（中世でいう禁裏領。近世の天皇家の所領は禁裏御料と呼ぶのが一般的なので、本章ではこの言葉を用いる）であり、枝郷の黒田も含め一円に治まっていた。ところが、宝永年間（一七〇四～一七一一）に八ヶ村の一部が蔵入地《くらいりち》（幕府直轄領のこと。ただし、山国・黒田地域の一部がこの時期に蔵入地となった事実はない）や旗本領となってしまい、全域の禁裏御料復帰を念願していたところ、鳥居五八郎の縁故で良い願い筋ができたので、一円禁裏御料への復帰の願い立てを同人へ依頼した――以上を有力百姓一八名は連名の上、天地神明へ祈願したのである。ここでは一七〇五年（宝永二）に行われた領知替えが問題とされているが、実は、その領知替えの際にも、山国・黒田地域一円の禁裏御料編入を願う文書が提出されていた［秋山 一九六七、鍛治 二〇〇六］。

この一七五〇年の神文の願いはかなわず、禁裏御料・旗本領・門跡領が混在するという山国・黒田地域の所領のあり方は、明治維新まで変わることはなかった。それはともかく、山国の有力百姓層が禁裏御料への編入を念願していた事実を、この神文から知ることができよう。

なぜ、彼らは禁裏御料への編入を望んだのか。なぜ旗本領では駄目だったのか。近世という武家の時代の中でそのような願いを持つようになったのには、何らかの理由があったに違いない。その理由を、順を追って見ていこう。

1　網役

有力百姓と網役・網株　山国の村々に住む有力百姓が、毎年欠かさず行っていた朝廷への奉仕に、山国平野を流れる大堰《おおい》川から獲れる鮎の献上がある。鮎を獲り天皇・朝廷へ献上することを、近世の山国・黒田地域では「網役」と呼び、また、それを行う権利を「網株」と呼んだ。「山国荘名主家由緒書」によれば、朝廷への鮎献上は一〇一五年（長和《ちょうわ》四）よりはじまるという。ただ、近世の元禄年間（一六八八〜一七〇四）以前の網役の実態については、あまりわからない。ここでは、元禄期以降の網役について、一八世紀を中心に見ていこう。なお、以下の内容は、特に注記しない限り山崎圭による研究［山崎 二〇〇九］に依拠している。

網役の担い手とその変容　元禄年間、山国・黒田地域一円が幕領であった頃、網役は山国本郷の八ヶ村に枝郷黒田の宮村を加えた計九ヶ村に住む、網役の家筋およそ四〇軒により行われていた。当時の文書によれば、本来網株を持つのは本郷八ヶ村の有力百姓だけであったが、困窮により家の相続が難しくなる者が増えたため、宮村の住民に代網を任せるようになったという。

こうした献上のあり方が、本章冒頭で触れた、一七〇五年の領知替えにより大きく変化する。禁裏御料となった鳥居・塔・井戸・宮以外の村々の者たちの網役が認められなくなったのである。これにより、網役を務める家は二〇軒あまりにまで減少した。朝廷へ献上する鮎は、鮮度を保つため、夕方の短い時間で漁をしなければならず、この数では網役の存続は難しかった。そこで、明和年間

（一七六四〜七二）に、禁裏御料七ヶ村（右の四ヶ村に、小塩・上黒田・下黒田の三ヶ村を加えた七村）に居住するすべての有力百姓家が網役に参加できるよう、内々にルールを変更した。担い手を増やして、存続の危機にあった網役を守ろうとしたのである。

平百姓の網役参加要求　領知替えは、思わぬ余波をもたらした。平百姓の者たちが網役への参加を要求しはじめたのである。

一七九二年（寛政四）、御料七ヶ村の有力百姓は、鳥居村の庄屋万蔵と、彼に加担した平百姓を相手取り、京都代官へ訴えを起こした。網株を持たない彼らが、勝手に鮎漁と朝廷への献上を行ったためである。万蔵らは、網役は昔から「禁裏様御高百姓共」（禁裏御料の村に居住する高持の百姓）で務めており、網役を自分たちだけの特権とする有力百姓たちの主張は事実に反する、と応戦した。

双方の主張を聞いた京都代官は、鮎受取書などの文書類を根拠に、有力百姓側の主張を認める。しかし、一方で、鮎を御所に運ぶ人足や、鮎漁を雇人に行わせる際の賃料が村高割となっている点など、万蔵らの主張にも一定の根拠があったため、以後、雇人賃料は有力百姓層だけで負担し、また、庄屋にも任期中網株を与えるように命じた。限定つきではあるが、有力百姓による網株の独占が崩されたのである。

一八二二年（文政五）、一七〇五年の領知替えにより鮎献上ができなくなった下村・辻村・中江村・大野村（以上旗本領）・比賀江《ひがえ》村（旗本領と門跡領の相給）の五ヶ村の有力百姓は、御料七ヶ村の有力百姓と連名で網役への参入（一部の者にとっては復帰）を朝廷に願い出た。朝廷は生鮎・塩鮎の年間献上量の増加を条件に、出願に応じる姿勢を見せる。一方、御料七ヶ村の平百姓は、この出願に反発した。実は、御料七ヶ村の有力百姓たちは、自分たちの負担を減らすため、献上の際の鮎漁を、ある時期より御料七ヶ村の平百姓にも内々に行わせていた。五ヶ村有力百姓の網役参入は、平百姓たちのそうした役割を奪う恐れがあったのである。なかには、朝廷に願書を提出し、さらには勝手に鮎献上を行って、五ヶ村有力百姓の復帰を阻止しようとする者まで現れた。結局、有力百姓層は事態収拾のために願い出を撤回せざるを得なくなり、網役は引き続き御料七ヶ村の住民だけで行うこととなった。

網役に固執する理由　ところで、なぜ有力百姓にせよ平百姓にせよ、少なからぬ負担を伴う網役にこだわったのであろうか。

その理由としてまず考えられるのは、鮎の販売である。網役を務める者たちには、朝廷へ鮎を献上する義務が課せられる一方で、鮎漁についての独占的な権利が与えられていた。そして、当然ながら、獲れた鮎はそのすべてが天皇・朝廷に献上されたわけではなく、多くは販売され、網役を務める有力百姓たちの収入となった。山国地域の鮎は、「山国鮎」なる名称がつくなど一種のブランド品になっていたようで、下流の宇津周辺で獲れた鮎にまでこの名称がつけられて販売されていたという。こうした鮎の商品としての価値が、有力百姓層による網役の独占と、そこに割って入ろうとする平百姓、という構図を生み出したのである。

さらに、網役を務めることが、有力百姓たちの山国・黒田地域内での特権的な地位を正当化する要素になっていた事実も見逃せない。中世〜近世前期には有力百姓と平百姓の間には明確な格差が存在していたが、江戸幕府による統治が安定し泰平の時代が訪れる中で、一部の平百姓は富の蓄積に成功し、有力百姓を凌ぐ経済力を持つ家も出てきた。先に見た鳥居村の庄屋万蔵などはその典型であり、有力百姓たちは訴訟を起こした際、万蔵のことを「内福ニ暮候」と評している。

経済力の逆転は、しばしば社会的地位の逆転をも引き起こす。平百姓である万蔵が、それまで有力百姓が独占していた鳥居村の庄屋を務めていた事実が、それを象徴的に示している。[*1] そうした中で、網役を有力百姓が務めることは、経済力ではどうすることもできない家柄(由緒)の正しさを証明する、何よりの方法であったのである。

そして、以上のことは、平百姓が網役へ参加する意義についての説明にもなろう。つまり、平百姓たちからすれば、網役への参加自体が、有力百姓層との格差を解消するものと理解されていたのである。

鮎をめぐる他地域との争い　鮎の商品としての価値は、有力百姓と平百姓の対立にとどまらず、山国と他地域との争いも発生させた。

一七七〇年(明和七)三月、御料七ヶ村の有力百姓は、山国より下流の村々が行う鮎漁を制限してくれるよう、禁裏御所の御蔵《みくら》役所(御蔵方)へ訴えを起こした。願書によれば、下流の村々の鮎漁については、元和年間(一六一五～一六二四)に当時の所司代板倉重宗《いたくらしげむね》より下命があり、山国・黒田地域の網役に支障が出ないよう漁期が制限された。ところが、近年、その命令が破られ、下流の村々が汲鮎《くみあゆ》・鵜縄《うなわ》といった新規の漁法で漁を行っているため、上流の鮎が減少し、網役にも支障が出ているという。汲鮎とは、鮎を網の中へ追い込み柄杓などですくい上げて取る漁法、鵜縄とは、鵜の羽や木片をいくつも縄に結びつけた漁具で、両端を二人で持ち、魚を網へ追い込むのに用いられた。

献上鮎用鑑札（辻健家所蔵）

　訴訟は御蔵役所の管轄外であったため、四月下旬、七ヶ村有力百姓は、改めて京都町奉行所（それ以前に京都代官へ出願したところ、町奉行所への出願を言い渡された）へ出訴する。しかし、下流の村々の住民にも生活があるとの理由で、有力百姓たちの訴えは却下されてしまった。有力百姓たちが主張した、板倉重宗が山国の有力百姓の網役を保護した、との由緒は、町奉行所により否定されたのである。

　有力百姓たちも、簡単には引き下がらない。何としても下流村の鮎漁制限を実現させるため、五月二日付で再訴を行う。再願書では、まず、最初の出願の際には一切触れられていなかった、網役以外の朝廷との由緒（長和年間の勅願による山国神社建立、天福年間の同神社再建、永徳年間の綸旨（応永年間の後小松天皇綸旨か）、永禄年間の源平藤橘姓の口宣案《くぜんあん》・杣《そま》に関する綸旨）を細かに記した。板倉重宗との由緒が認められなかったのを受けての変更である。その上で、やはり前回の出願の結果を踏まえ、①下流の村々で鮎漁を専業としている者はおらず、二月から八月までの漁期の一部を制限しても彼らの生活に支障は出ない、②わずか五、六里にすぎない下流の村々への優遇が、二〇里にもおよぶ上流の村々の難儀を招く、と主張した。有力百姓たちが自らの主張を通すために願書の内容を大幅に変更したこと、その中で朝廷との由緒がいままで以上に強調されたこと、以上二点に注目したい。

　しかし、やはり下流の村々の生活に配慮した町奉行所は、この再訴も却下した。手だてがなくなった有力百姓たちは、やむを得ず、御所へ再出願を行う。この願書では、「口宣を頂戴した有力百姓たちは、鮎販売の恩恵を受けて御用（網役）を務めている」（口宣頂戴《くぜんちょうだい》筋目名主共、売て冥加《みょうが》相叶い御用相勤め）とあるように、鮎の販売と網役との関係が率直に語られた。しかし、裁許権のない御所に訴えたところで、彼らの要求が叶うはずもない。結局、この一七七〇年の争論で、御料七ヶ村の有力百姓たちは自己の主張を通すことはできなかったのである。

網役の事例から見えてくるもの　網役の事例から読み取れるのは、網役が、山国・黒田地域の内部では有力百姓と平百姓との格差を示すものとして、外部へは山国・黒田地域の鮎漁を保護するための根拠として強調されていたことである。そして、その背景には、有力百姓たちの社会的地位や鮎販売の権益をいかに守るか、との動機が伏在していた。

本書のメインテーマである、民衆と天皇との関係を考える場合、明和年間の下流村との争論の中で、網役以外の由緒にまで言及し、山国・黒田地域と天皇・朝廷との歴史的なつながりがことさらに強調された事実が重要であろう。先にも述べたように、この争論で有力百姓たちは下流村の漁期制限を実現させることはできなかったが、その後、鮎漁や井堰の建設をめぐり他村と争論が起こるたびに同様の方法を採ることで、彼らに有利な裁許を引き出すことに成功する。この事実は、明和年間ごろを境に、山国の有力百姓層にとって天皇・朝廷とのつながりを持つ意義が増したことを示しているように思われる。節を改め、さらに検討していこう。

2　有力百姓は天皇・朝廷に何を求めたか

明和年間の鮎漁をめぐる争論から一〇年あまりが経った一七八一年(安永一〇)二月、六名の有力百姓が総代となって公家の「壬生殿《みぶどの》」(堂上公家《とうしょうくげ》の壬生家か、地下官人《ちげ》の壬生家いずれかは不明)に接見し、一通の願書を提出した(「河原林文書」一五七)。その内容は、天皇・朝廷への奉仕希望と要求の双方を書き連ねたものであった。本節では、この願書を読み解くことで、有力百姓たちが天皇・朝廷とつながりを持とうとした意味を考えていきたい。

天皇・朝廷への奉仕希望　まず、願書に記された、有力百姓たちが希望する天皇・朝廷への奉仕について見ていこう。以下の通りである。

・山国荘内一円(の有力百姓)をかつてのように杣御用に仰せつけてほしい
・大嘗祭《だいじょうさい》ごとに「五三寸三尋荒木《ごさんずんみひろあらき》」などの御用を務めたい
・御所造営の際に杣御用を務めたい
・正月四日の斧始めを務めたい

最後の「斧始め」の詳細は不明であるが、それを含め、すべて朝廷への斧役(杣御用)に関わる内容である。山国の有力百姓層が平安京遷都の際、「五三寸三尋荒木」の良木を献上し、中世末期まで斧役を務めていた、との由緒を主張していたことは、第三章で詳しく取り上げた通りである。なお、大嘗祭への奉仕については、すでに一七三八年(元文三)、一七七一年(明和八)の大嘗祭で木材を献上していた事実があるが、これについては後述したい。

ここで有力百姓層が斧役の「復活」（第三章で論じた通り、斧役の由緒の真偽は不明であるため、あえてカッコつきで表記した。以下同じ）を求めたのは、なぜだろうか。一つは、自らが主張する由緒への自負心の高まりである。鮎取りをめぐる明和年間の大堰川下流の村々との争論で、有力百姓たちが天皇・朝廷との由緒をことさらに強調するようになったのは、すでに前節で見た通りである。そうした形での由緒の強調は、由緒への自負心の高まりを必然的に引き起こす。有力百姓層が斧役の「復活」を求めたのは、由緒への自負を強めた彼らが、その由緒と同様の御用を務めることを念願するようになったためと考えられよう。

以上は有力百姓たちの意識の問題だが、もう一点、実利的な点も考えなければならない。近世の山国・黒田の禁裏御料と旗本領を合わせた一二ヶ村、それに近隣の片波《かたなみ》・灰屋《はいや》・芹生《せりお》の三ヶ村（巻頭地図参照）は、山役銭なるものをそれぞれの領主に納めていた。注目されるのが、山国・黒田一二ヶ村がこの山役銭を、江戸時代に入ってから斧役の代わりに賦課されたもの、と主張していた点である［秋山 一九六七］。片波ほか二村にも山役銭が賦課されている以上、この斧役の代わりという理解は、論理的に成り立たない。しかし、大事なのは論理的に成り立つかどうかではなく、山国・黒田の有力百姓たちがそれを事実として信じ、その上で斧役の「復活」を求めていた意味である。斧役が「復活」すれば山役銭を納めなくてもよくなる、そのように考え、斧役の「復活」を求めたのではないだろうか。

筆者がそのように推測するのには、もちろん理由がある。領主が禁裏・門跡・旗本の三者に分かれていた山国・黒田地域では、貢租の比率も領主ごとに異なっており［秋山 一九六七］、災害などに対する対応も領主ごとにまちまちであった。それゆえ、山国・黒田地域の住民は、自らに課せられた貢租や上金の多寡に、非常に敏感になっていたのである。たとえば、一七四一年（寛保元）閏七月はじめに起こった大堰川の洪水に対する領主の対応に関し、ある文書では、禁裏御料では「（年貢の・吉岡注）御用捨、引き方下され候。別して塔村、鳥居村御救い頂戴」であったのに対し、旗本杉浦領では「御年貢用捨なく取り立て」、同領の五ヶ村は困窮した、と記している（「山国神社文書」二―七五）。

なお、補足すれば、領主ごとの貢租の比率は、旗本領の方が禁裏御料よりも高く、幕末に近づくにつれ上金や軍役の賦課も増えるなど、全体として旗本領の住民は、禁裏御料の住民よりも厳しい負担を強いられていた［秋山 一九六七］。この事実が、有力百姓層が一円禁裏御料への編入を望んだ一つの理由となっていたのは間違いない。

天皇・朝廷への要求　再び一七八一年の願書に戻ろう。話題は、天皇・朝廷への要求へと移る。以下の通りである。

- かつて山国神社に寄進されていた神領一二五石を再寄進してほしい
- 神社の神事祭礼の際に御酒、御膳料を下賜してほしい
- 神事の際に勅使ないし代参者を出してほしい
- 社殿の修覆料を出してほしい
- 神領を与えられていた当時と同様の祭礼を行いたい

- 「三拾三名の仕官筋目のもの《者》」を再び仕官させてほしい
- 仕官は叶わなくても、せめて先祖の由緒にふさわしい待遇を与えてほしい
- 先祖代々苗字帯刀を行っていたが、「武辺」からたびたびその禁止を申し付けられたため、現在は「武辺」に対して苗字帯刀は行っていない。苗字帯刀が認められるようにしてほしい
- 網役を山国・黒田地域の有力百姓全体で務められるようにしてほしい
- 禁裏への年頭御礼などにかつて仕官していた時の格式で参加させてほしい

まず、総鎮守である山国神社について、計五つの項目に分けて要求している。山国本郷の有力百姓たちは総じて山国神社宮座の座衆であったから、その山国神社の繁栄を彼らが願ったのは、ある種当然のことといえる。ただし、ここで述べられている、神領として一二五石が神社に寄進されていた話は、事実なのかどうかは判然としない。ここでは、有力百姓たちがそれを事実と信じ、神領を持たない現状を何とか変容させたいと願っていた点を確認しておきたい。

　次に、「三拾三名の仕官筋目のもの」の朝廷への再仕官、あるいは苗字帯刀の許可を求めている。「三拾三名の仕官筋目のもの」とは、第三章で触れられた中世の山国荘を構成した三六名の有力百姓のことである。三三名となっているところに、有力百姓たちの間でも由緒の認識についてブレや齟齬があった様子が窺われる。神領の件と同様、有力百姓たちの先祖が仕官していたかどうかはやはり不明である。

　それはさておき、注目されるのは、有力百姓たちが苗字帯刀の許可を求めるにあたり、「武辺」が苗字帯刀を認めてくれない、と述べている点であろう。百姓の帯刀に制限が加えられたのは、豊

臣政権下のいわゆる刀狩令、それに江戸幕府開府以来の牢人統制令の結果であるので、ここでいう「武辺」とは江戸幕府を指していると見て差し支えない。江戸幕府による治世がはじまってから自分たちの処遇は悪くなってしまった、有力百姓たちはそのような認識を持っていたのであり、こうした認識もまた有力百姓たちが山国地域一円の禁裏御料編入を望む大きな動機となっていたと考えられる。このほか、有力百姓全体での網役奉仕も求めているが、これについてはすでに前節で述べたので繰り返さない。

一七八一年願書が示すもの　一七八一年提出の願書全体から、何がわかるであろうか。

まず、ここで有力百姓たちが示した内容のすべてが、彼ら(あるいは、その先祖)が作成した由緒書の内容に規定されていた点である。斧役の「復活」、山国神社神領再寄進、朝廷への再仕官の三点は、いずれも由緒書の中に記載されていることの実現を望んだものであり、神社の修復、勅使派遣、苗字帯刀の許可の三点は、由緒の内容に少しでも近い処遇を求めた結果にほかならない。

第三章では、由緒書が作り出される過程が検討された。しかし、その中で著者の坂田も強調したように、由緒書自体が創作されたものであったからといって、その内容に意味がない、ということにはならない。そこで述べられている様々な出来事が事実であったかどうかと、作成した当事者、あるいはその子孫たちが、その内容を事実と考えていたかどうかは、まったく別問題だからである。この一七八一年の願書を作成した有力百姓たちは、由緒書の内容を事実と考えた。それゆえに彼らは、由緒と同等、あるいはそれに少しでも見合った処遇を求めたのである。

次に、このような内容の願書が、有力百姓たちが自らの由緒への自負を強めた結果として作成された点である。天皇個人に威厳や威徳を感じたがゆえの行動でないことに、私たちは注意しなければならない。この事実は、由緒書の内容では古代から、古文書の存在からでも中世から天皇・朝廷とのつながりを確認することのできる山国・黒田地域の住民たちの間でも、天皇・朝廷の存在意義は決して一定不変ではなく、住民たちを取り巻く社会関係の変化（本章の検討からいえば、有力百姓たちの社会的地位をめぐる内外からの突き上げ）と、その変化に対応しようとする営みの中で、絶えず変容していたことを示している、といえる。重要なのは、その変化に対応しようとする営み自体は、極めて自己本位的に行われるものであるがゆえに、その結果として生じた天皇・朝廷の存在意義の変化も、やはり自己本位的なものになる、ということである。一七八一年願書の末尾の部分で、

　右の内別て希《こいねが》い奉《たてまつ》り候は五社明神の神領いずれなるとも拝領奉り、ならびに郷士（有力百姓のこと・吉岡注）共少しなる共御由緒蒙り奉りたく、

とあるように、要するに天皇への奉仕よりも要求の達成をより強く期待していたことが、それを象徴的に示しているといえよう。

3　近世大嘗祭と山国・黒田地域

大嘗祭《だいじょうさい》とは、天皇就任儀礼の一つで（ほかに、践祚の儀、即位礼がある）、天皇が大嘗宮の悠紀《ゆき》殿・主基《すき》殿にて新穀を皇祖・天神地祇《てんしんちぎ》に供え、自らも食し、国家安寧と五穀豊穣を祈る儀式である。天皇自身が祭祀者となる大嘗祭を一連の天皇就任儀礼の中でも最重要の儀式、と見る向きも多い。

天武《てんむ》天皇・持統《じとう》天皇の時代(六七〇〜九〇年代)に成立したとされる大嘗祭だが、長い歴史の中では紆余曲折があった。特に室町時代になると、朝廷の財政難により祭祀を実施するのにも困難を来すようになり、後土御門《ごつちみかど》天皇即位後の一四六六年(文正元)一二月を最後に、大嘗祭は実に二二〇年間にわたり中絶してしまう。その後、近世に入り、霊元《れいげん》天皇(在位一六六三年〔寛文三〕〜一六八七年〔貞享四〕)の強い希望から、一六八七年(貞享四)一一月、東山《ひがしやま》天皇即位の際に大嘗祭は再興、次の中御門《なかみかど》天皇即位の際には後述する理由で実施が見送られたものの、その次の桜町《さくらまち》天皇即位後の一七三八年一一月に再々興され、以後、今日に至るまで実施され続けている。

近世の山国・黒田地域の住民が大嘗祭と関わりを持つようになるのは、元文期の大嘗祭再々興の時である。この大嘗祭で禁裏御料七ヶ村は、大嘗宮造営のための材木を献上し、また七ヶ村の一つである鳥居村には主基斎田が設置され、祭祀で用いる稲穂の献上(抜穂《ぬいぼ》の儀)が行われた。本節では、この元文期以降の大嘗祭と山国地域との関わりを見ていくことにしよう。

Ⅰ　大嘗宮造営木材献上

元文期の大嘗祭再々興　元文期大嘗祭の実施について、朝廷と幕府の間で最初に話し合いが行われたのは、一七三四年(享保一九)である。翌年の桜町天皇即位をにらみ、大嘗祭実施を幕府から申し出たのであるが、朝廷の側はこれを断った。貞享期の大嘗祭再興の際、予算不足から多くの儀式が省略されたのに霊元上皇が不満を覚え、今後の祭祀実施を禁じたからである。

こうした状況が、桜町天皇即位後の一七三七年(元文二)、朝廷側が新嘗祭、あるいは神今食《じんごんじき》の再興を幕府へ打診したことにより、大きく動く。幕府は、先に大嘗祭実施を断ったにもかかわらず、天皇が皇祖と天神地祇へ供食する点では同儀の新嘗祭・神今食の再興を打診してきたのに不信感を抱いた。しかし、朝廷側の弁明でその不信も氷解し、翌三八年六月一六日、まず本年に大嘗祭を再々興し、翌年より新嘗祭も再興させることにした。祭祀費用も、貞享期大嘗祭より大幅な増額となったため、省略された儀式の多くが実施可能となった〔以上、武部 一九八六〕。

禁裏御料七ヶ村への木材献上の打診　大嘗祭実施が確定したのちの七月、朝廷の修理職より京都代官小堀仁右衛門へ大嘗宮造営のための木材献上について相談があり、同代官所役人は山国・黒田の禁裏御料七ヶ村の者を呼びつけ、修理職より提示された計二六種の木材の献上可否を尋ねた。翌八月六日、七ヶ村庄屋・年寄は、一種を除き木材献上は可能である、と回答する。こののち、正式な献上がいつ行われたのかは定かではないが、すぐのちに見る、寛延期大嘗祭時の七ヶ村への下問に対する返答書で元文期の献上にも言及しているので、献上自体は確かに行われたと判断できる。

寛延期大嘗祭への木材献上打診を拒絶　一七四七年（延享四）五月、桜町天皇の生前譲位により、その息子がわずか六歳で即位した（桃園《ももぞの》天皇）。翌一七四八年（寛延元）一一月、大嘗祭が実施されるが、その準備が進んでいた同九月、御料七ヶ村庄屋連名の願書が作成される。その内容は、先日大嘗祭への木材献上について下問を受けたが、元文期大嘗祭の際に良質の木材を献上してしまったので、今回は献上の「御用捨」、あるいは質の劣った木材の献上で許してほしい、というものであった〔福井 一九八六〕。遠回しな言い方ではあるが、七ヶ村庄屋は朝廷への木材献上を拒否したのである。

本章冒頭で引用した神文が二年後の一七五〇年の作成であるのを考えると、この寛延期大嘗祭への彼らの対応は奇妙にも見える。とりあえずここでは、当時の有力百姓層の中では、献上拒否と禁裏御料への編入願望が矛盾するものとは考えられていなかったことを確認するにとどめたい。

大嘗祭木材献上希望の意味　右の献上用捨願の結果がどうなったのか、確証できる史料は現在のところ見つかっていない。ただ、ここで思い出したいのは、前節で見た一七八一年願書の中に、大嘗祭ごとに「五三寸三尋荒木」などの御用を務めたい、との記載があった点である。寛延期大嘗祭から一七八一年までは三三年の年月があり、その間、朝廷では一七六四年（明和元）と一七七一年の計二回、大嘗祭を実施している。この二回の大嘗祭のうち、後者については山国からの木材献上が確認できるものの（『京都府北桑田郡誌』）、前者については不明である。ただ、もし元文期から継続して大嘗祭への木材献上が行われているのであれば、一七八一年の願書にわざわざ大嘗祭への木材献上について記す必要はないであろう。次の大嘗祭の時に木材献上の下命があるかどうかわからなかったからこそ、願書であのような要求をした、と理解するのが最も自然な解釈であり、そして、この解釈が正しいとすれば、寛延と明和元年の大嘗祭は山国・黒田地域からの木材献上が行われなかった、との推測も成り立つ。

では、一七八一年の願書で、一度は拒否した木材献上を再び願ったのはなぜか。再三述べているように、それはこの時期に、有力百姓たちの間で由緒への自負が一段と強まったからである。由緒書の中に記載された大嘗祭への木材献上という由緒を、[*2]彼らの生きている時代の中でも実施することは、その由緒の正しさの証明となるだけでなく、由緒を持つ者としての自己を世間に誇示する絶好の方法でもあったのである。

以後、この地域からは、近世すべての大嘗祭（一七八七年〔天明七〕・一八一八年〔文政元〕・一八四八年（嘉永元）の三度）に木材を献上することとなる＊3（「辻健家文書」一六―一、『京都府北桑田郡誌』）。

Ⅱ　抜穂の儀への参加をめぐって

抜穂の儀とは？　貞享期の大嘗祭再興から元文期の再々興に至るまでの過程を見てもわかる通り、大嘗祭という祭祀は、様々な個別の儀式から構成されている。その儀式の一つである抜穂の儀とは、本祭で新天皇が皇祖と天神地祇に供する神饌《しんせん》を、大嘗祭ごとに定められる悠紀・主基両国の斎田から稲を収穫する儀式である。民衆が大嘗祭という祭祀に直接関わる唯一の機会であるため、昭和から平成への代替わりの際にも注目を集めた。

山国・黒田地域では、禁裏御料七ヶ村の一つである鳥居村が、この抜穂の儀の主基斎田に、元文期と文政期の二度選ばれた。また、後述するように、嘉永期大嘗祭でも鳥居村へ斎田選定の打診があった。元文期の史料は現時点では見つかっていないので、文政期と嘉永期の様子を見ていきたい。

仁孝天皇即位と大嘗祭実施の決定　一八一七年（文化一四）三月、長きにわたり天皇の座にあった光格《こうかく》天皇が譲位し、仁孝《にんこう》天皇が践祚《せんそ》する。これにより、一七八七年（天明七）以来、実に三〇年ぶりの大嘗祭実施が決定した。長い年月の経過に加え、一七八八年（天明八）一月に京都で起こった大火災（いわゆる天明の大火）により文書類の多くが焼失していたため準備には様々な困難があったようだが、表面的には特に滞りもなく、一八一八年（文政元）一一月に祭祀は実施された。

鳥居村への主基斎田選定打診とその対応　鳥居村がこの文政期大嘗祭の主基斎田選定について最初の打診を受けたのは、一八一八年四月初旬であった（以下の内容は、特に断りのない限りすべて「鳥居等家文書」一―一二三、による）。鳥居村庄屋の鳥居吾八郎（有力百姓）は、同三日、年寄の者とどもに京都代官所を訪れ、担当の役人に接見する。その場で改めて斎田選定の打診を受けたのに対し、吾八郎は、元文期に斎田へ選定された田地は残っているものの、今回は用捨を願いたいと答えた。別の箇所で「当村義ハ近年困窮仕」とも述べており、財政難から用捨を願ったのだと判断できる。

しかし、担当役人は、当年は近江（悠紀）と丹波（主基）が吉方であり、丹波側の候補は鳥居村のほかに氷上《ひかみ》郡神田村が上がっているが、同村は天明期大嘗祭で斎田に選定されているので、今回は鳥居村が選定されるものと心得ておくように、と述べた。吾八郎はなおも粘ったが理解を得られず、そのまま帰郷せざるを得なかった。一〇日付で改めて打診があると、もはや抵抗をあきらめたのか、吾八郎は正式な下命があれば拝受する旨の請書を一三日付で提出する。その際、選定予定の斎田には、肥しなどの不浄な物は入れないようにする旨の請書も合わせて提出した。大嘗祭の清浄性を保つための処置である。宮中での祭祀のみならず、神饌の準備段階からそれが徹底されていたのは注目に値しよう。

右の二通の請書提出について、この文政期大嘗祭の主基斎田選定過程を記した文書には、「弐通共段々御治退（辞退・吉岡注）御断り申上げ候らえ共、御聞済これなく、拠《よ》んどころなく差し上げ申し候」と記されている。主基斎田への選定は、鳥居村の住民の本意ではなかったのである。

正式決定の遅延　ところが、その後、正式決定の連絡は一向に届かなかった。二五日夜、候補の田地の所有者である三右衛門《さんえもん》は、審査の状況を鳥居吾八郎に尋ねる。三右衛門にも生活があり、もし斎田に定められないのであれば、肥しを用いた通常の田植えの準備に取りかかりたかったためである。これを受け、二九日に吾八郎が上京し、担当役人に状況を尋ねることになった。

担当役人の自宅を訪問したところ、代官所は幕府からの指示で動いているだけであり、詳細は祭祀を取り仕切る吉田家に尋ねてみなければわからない、という。吉田家は「神祇管領長上《じんぎかんれいちょうじょう》」を自称し、堂上公家としては低い家格ながら、近世半ば以降、全国の神社の支配権を掌握し、朝廷内の多くの神事を司るようになっていた。

担当役人が吉田家を訪問したところ、八割方鳥居村に決定であるという。その上で同家は、田植えの開始時期や元文期大嘗祭での斎田奉仕に対する下賜物について、役人を介し吾八郎へ下問してきた。吾八郎は田植えが五月三日、四日ごろ、下賜物は米七石一斗五升(うち五石五斗を住民二七五人で配分)・金二〇〇疋(神主へ)・銀五枚(住民二七五名で配分)であった、とそれぞれ回答している。翌日、吾八郎は正式決定の連絡を待っていたが、結局この日に進展はなく、七つ半過ぎ(現在の午後五時すぎ)に役人宅へ呼び出され、決定がまだ出ないので一旦帰村し、苗の植えつけをはじめておくよう命じられた。

田地問題の発生　五月一日に帰村した吾八郎を、さらなる問題が襲う。悠紀・主基の両斎田は三三間四方の大きさを有していなければならないと定められていたが、吾八郎が帰村後に斎田候補の田地を測定したところ、その基準を満たしていなかったのである。元文期大嘗祭の際に主基斎田に定められていた田地がなぜ基準を満たしていなかったのか、詳細はよくわからない。いずれにせよ、吾八郎は村の者と翌二日に再上京し、担当役人にこの事実を報告した。驚いた役人たちは、一旦協議したのち、吾八郎らを再度代官所に呼び出す。役人の一人から、次のような話があった。

まさに今日鳥居村に正式決定となったところ、今さら候補の田地が三三間四方に足らないとの申し出には、代官所としても当惑している。その方らの狂言ではないかとも考えたが、絵図を見る限り、そうではなさそうだ。とにかく、山や畑を掘り広げてでも三三間四方の大きさを確保しなければならないが、村内に代替となる田地はないか。

斎田選定が鳥居村住民の本意でなかったことは、担当役人たちもよく知っていた。それゆえに、彼らは今回の申し出を吾八郎らの狂言ではないか、とすら疑ったのである。しかし、すでに主基斎田は鳥居村で決定していたという事情もあったのであろう、この問題を深く追及はせず、代替地の有無を尋ねたのであった。

この問いに対し吾八郎は、大きさに若干の誤差があり、また五、六か所を合わせるという形で問題なければ代わりの田地がある、と答えた。役人たちは安堵し、その田地で準備をはじめるように命じた。吾八郎は翌三日に帰村後、早速新候補田地の縄張りをはじめる。京都代官よりも、五月五日付で鳥居村を斎田に決定した旨の差紙が到来した。こうして、ようやく鳥居村への斎田設置が確定したのである。

禁裏御料七ヶ村での協議　斎田決定の差紙が到来すると、吾八郎は直ちに禁裏御料七ヶ村に集会を求める文書を回した。八日正四ツ半(午後一一時)、吾八郎宅に各村の代表が集合すると、塔村の代表である草木《くさき》敬介《けいすけ》(有力百姓)がおおよそ次のように語った。

先日の宗門改めの際、役人から「鳥居村へ大嘗祭御用を命じたが、同村は困窮を理由に断ってきた。しかし、御所様よりの依頼であると告げると、御料七ヶ村へ負担を割り付けてくれれば御用を受ける、とのことであった。決定の際は、その方も協力してくれるように頼む」との話を受けた。今回、正式決定の差紙が届いたので、その相談をするべく、集まってもらった次第である。

集会を取り仕切っているのが鳥居吾八郎ではなく、塔村在住の有力百姓である草木敬介であったのが重要である。斎田選定拒否から受諾という一連の流れは、鳥居村一村での判断ではなく、有力百姓層の意向も多分に反映されていた、と見るべきであろう。おそらく有力百姓たちは、まず斎田選定の容赦を願い、それが却下された場合の負担は七ヶ村で分担する、という形で事前に意思をまとめており、この集会は、その意思を七ヶ村全体の総意とするために開催されたものと思われる。

草木の発言に対し、集会に集まった人々は即座に同意した。かくして、ようやく抜穂の儀実施についての山国側の体制は整った。儀式はそれから四ヶ月あまりのちの九月二〇日から二六日にかけて実施され、特に滞りもなく終了した。

嘉永期大嘗祭での斎田選定打診と拒絶　続いて、嘉永期大嘗祭での斎田選定問題について見ていこう（特に断りのない限り、以下の記述は「山国神社文書」一―五五、による）。

一八四八年四月一日、京都代官より一通の差紙が鳥居村へ到来した。庄屋の彦六は亀山（現京都府亀岡市）へ出張中であったため、相役の七兵衛が確認したところ、大嘗祭斎田選定の打診と請書のひな形であった。驚いた七兵衛は、翌二日に上京、宗門改めに関する作業のため亀山から直接上京してきた彦六や禁裏御料の他の六ヶ村の庄屋とともに、この件について協議した。

協議では、抜穂の儀への奉仕は下行米《げぎょうまい》の支給こそあるものの、それを大きく上回る出費があり、先の大嘗祭では村有の森や山を売り払ってようやくその費用を賄った、斎田となった田地はその後洪水で土砂が入ってしまった、先の大嘗祭では同じ桑田郡の並河《なみかわ》村も候補にあがっていたものの、同村が拒否したため鳥居村へ話が回ってきた、などの話が出される。最終的に、今回は打診を断り、並河村を選定するよう代官所へ働きかけることで決した。文政期のみならず嘉永期の大嘗祭でも、斎田選定を拒否するという結論が、七ヶ村の総意として出されたのである。

この決定を京都代官所役人へ内々に相談したところ、強く申し出れば主張は受け入れられると思うので、早々に願書を出すよう助言を受けた。助言に従い直ちに願書を提出したところ、今後の大嘗祭では負担の一部を並河村と分担することを条件に出されたものの、主張自体は受け入れられ、今回は並河村が選ばれることで決着した。七ヶ村は、嘉永期大嘗祭の斎田選定回避に成功したのである。祭祀終了後、七ヶ村からは並河村へ見舞金として金一五両が支払われた(「辻健家文書」一〇―一九)。

抜穂の儀への対応から見えてくるもの　文政・嘉永の二つの大嘗祭の事例からは、何が見えてくるであろうか。

一つは、代官所が斎田選定の打診をしたのは鳥居村一村であったのに対し、山国・黒田の側では、禁裏御料七ヶ村でその対応に当たった点である。この背景には、負担の軽減という点はもちろん、特定の村や人物が、他をさし措いて天皇・朝廷と結びつくのを避ける、といった発想もあったのではないかと想像する。

もう一つは、右に述べた七ヶ村での協議は、文政期・嘉永期ともに打診を拒否する方向で話をまとめた点である。その理由として考えられるのは、まず財政上の問題であろう。先にも触れたように、文政期大嘗祭での斎田奉仕は、村が所持していた森や山を売ってまで費用を捻出したという。また、彼らの由緒意識との関係も重要である。「山国荘名主家由緒書」の中には、大嘗祭への木材献上に関する話は書かれていても、抜穂の儀は出てこない。つまり、有力百姓たちからすれば、抜穂の儀への奉仕は自分の由緒と関わりのないものであり、由緒の正しさの証明となる木材献上とは、質的に異なるものであったのである。こうした点に、すぐ前に述べた負担の問題が加わるのであれば、斎田奉仕を拒否するとの結論が出てくるのも、ある種当然の結果であったのではないか。天皇・朝廷との由緒を主張し、さらに明和期以降、その由緒への自負を強めていた山国・黒田地域の有力百姓たち。その彼らにあっても、多大な支出をしてまで斎田奉仕を行おうとは思わなかったのである。

4　本章のまとめ

以上、いくつかの事例をもとに、近世の山国・黒田地域の住民、特に有力百姓の天皇・朝廷への意識について見てきた。最後に、本章であきらかになったことをもう一度まとめておこう。

なぜ有力百姓たちは山国地域一円の禁裏御料編入を望んだのか。その理由は、①貢租の比率や災害時の対応が禁裏御料の方がよかった、②江戸幕府開府以降に有力百姓たちの身分・地位が低下したとの認識に基づく、武家政治そのものへの反発、以上二点である。①の認識は、宝永期に山国・黒田地域が禁裏御料・門跡領・旗本領の三領に分かれて以降、日々の生活の中で徐々に培われていったものであり、②の意識は、第三章で見た「山国荘名主家由緒書」成立の第二段階、すなわち一七世紀前半から半ば頃に芽生え、その後、有力百姓たちが自己の由緒への自負を強めていく中でさらに大きくなっていったものと考えられる。

近世の有力百姓たちにとって、天皇・朝廷とは、①彼らが主張する由緒が天皇・朝廷とのつながりを強調するものであったという点で、有力百姓としての彼らの地位を保障してくれる存在であり、②網役を務めるかわりに、一定の権益(鮎の販売)を付与してくれる存在でもあった。領主間の貢租比率の相違、有力百姓たちの特権的な地位に対する内外からの突き上げ、といったものが顕在化してくる一八世紀以降、有力百姓たちの中での天皇・朝廷の存在意義は増してくる。その象徴が、本章冒頭で紹介した寛延期の山国地域一円の禁裏御料編入を願う神文や、一七八一年に「壬生殿」へ提出した願書の作成であったといえよう。

以上を一言でまとめれば、近世の山国・黒田地域の有力百姓たちにとっての天皇・朝廷とは、彼らに何らかの権益をもたらしてくれる存在だった、ということになろう。権益が基準となるからこそ、大嘗祭への奉仕をめぐる動向に端的にあらわれていたように、天皇・朝廷からの要請であってもそれを拒否するという判断がなされる場合もあったのである。[*4]

一方、平百姓にとっての天皇・朝廷の存在意義は、有力百姓の存在に強く規定されていた。有力百姓という地位や彼らのもっている権益が、いずれも天皇・朝廷とのつながりを拠りどころにしている以上、平百姓たちが有力百姓との格差を埋めていくためには、彼らもまた天皇・朝廷へ接近していくほかなかったからである。

ここで、やや唐突ではあるが、「勤王《きんのう》」という言葉について考えてみたい。民衆と天皇の関係を語る時、私たちは「勤王」（あるいは、「尊王《そんのう》」）という言葉で説明しようとする傾向がある。「勤王」とは、自らを顧みず、天皇のために尽くすことである、現在を生きる私たちは、この言葉をそのような意味合いを持ったものとして理解している。しかし、本章で検討してきた近世の山国・黒田地域の有力百姓や平百姓の天皇・朝廷に対する意識は、そうした意味合いを持つこの言葉からは、説明できないものであった。天皇に関する由緒を主張していた山国・黒田地域の住民たちでさえ、近世は「勤王」ではなかった――この事実は、民衆と天皇の関係を語る時に、この言葉以外の形容法を知らない、あるいは、この言葉の意味を右に述べたような形で固定的に捉えようとする、私たちの考え方そのものに問題があることを示しているのではないだろうか。

となると、当然、次のような疑問が浮かぶであろう。なぜ山国地域の住民は、明治維新の際、「山国隊」なる農兵隊を結成してまで、天皇に尽くそうとしたのか、と。次章では、その山国隊結成をめぐる動きをおいかけてみたい。

＊1　この地域の庄屋は、有力百姓の家々が世襲ないし輪番で務めるのが一般的であった。
＊2　「山国荘名主家由緒書」の中に、「大嘗会毎ニも悠紀、主基之両御殿御造営成し奉り申し候」との記載がある。
＊3　山国地域では毎年の新嘗祭の時にも木材の献上を行っていたようであるが、詳細は不明である。
＊4　本章では特に論じなかったが、このほか、鮎献上に関しても、鮎の減少を理由に献上の免除や減数を願う動きが見られた。

六　幕末の動乱と民衆の葛藤
――山国農兵隊結成への道――

一八五三年(嘉永六)六月、相模国の浦賀沖に四隻の蒸気船が出現した。いわゆるペリー来航である。外国船の日本への来航は、一九世紀に入ってから頻繁に見られ、幕府も江戸湾周辺の海岸警備体制を整えるなど、それなりの策は講じていた。ペリー来航の情報も、来航の一年前にはオランダ政府からの通告により把握していた。しかし、来航が日本国内に与えた衝撃は、事前の想定をはるかに凌駕していた。これ以後、日本は幕末の動乱の時代へと突入していくのである。

山国・黒田地域も、こうした時代のうねりと無関係ではいられなかった。めまぐるしい政局の変化の中で、様々な名目の上金が課せられるようになっただけでなく、人の派遣を求められる事態もしばしば生じた。

ペリー来航から間もない一八五三年一一月、旗本杉浦領五ヶ村へ出役《しゅつやく》が命じられ、五ヶ村からは一七名(すべて有力百姓)の連名帳を杉浦氏の馬路《うまじ》役所へ提出した(「河原林文書」二九七)。その八年後の一八六一年(文久元)には御料七ヶ村から和宮《かずのみや》降下に関わる荷物の舁人足《かつぎにんそく》を出している(「辻健家文書」一〇―二八、三〇、三二)。一八六三年(文久三)三月からは杉浦氏の所領各村へ江戸詰の出役が課され、山国の杉浦領五ヶ村からも有力百姓家筋の者が交替で出府した(「河原林文書」二九七)。

同九月には、山国・黒田を含めた山城・丹波国内の禁裏《きんり》御料《ごりょう》各村に対し、家督相続外の者から三〇人ずつを「御所様御用」として差し出すよう京都代官より命じられた。御料の村々では協議の上、当面は市中に近い愛宕《あたご》郡の村々からのみ人足を出すということで了承を願っている（「辻健家文書」一〇―三二）。このほか、嘉永、文久期との関連は不明だが、一八六六年（慶応二）七月からも、杉浦氏の馬路役所の番所へ五ヶ村の有力百姓が交替で出役している（「河原林文書」一九三〇）。

人を迎える場合もあった。一八六二年（文久二）閏八月、宇都宮藩主戸《と》田《だ》忠恕《ただゆき》の幕府への建議を契機に、陵墓の調査・修復作業が開始される。光厳《こうごん》・後花園《ごはなぞの》・後土御門《ごつちみかど》の三天皇と、御花園天皇の妃で御土御門天皇の実母である嘉楽門院《からくもんいん》の陵墓（山国陵・後山国陵）[*1]をもつ常照寺《じょうしょうじ》（臨済宗天龍寺派。一三六二年開山。現常照皇寺）にも、勅使や山陵奉行が出張してきた。翌年四月には、光厳天皇五〇〇年忌実施のため、堂上公家の万里小路博房《までのこうじひろふさ》が勅使として山国を訪れ、また、山陵奉行戸田忠至《ただゆき》も修陵事業のため、一八六四年（元治元）には単独で、一八六五年（慶応元）四月には勅使の柳原光愛《みつなる》とともに山国を訪れている。山国・黒田地域の住民は、その都度、人足の提供や修繕費の工面を命じられ、多大な出費を余儀なくされた（「河原林文書」三二八）。

以上のように、幕末の時代の中で、山国・黒田地域の住民たちの生活環境は激変した。こうした状況を背景に、地域の内部では様々な対立が表面化しはじめ、やがてそれが農兵隊の結成へと帰結していく。一体、この地域で何があったのか。以下に見ていこう。

1　常照寺と有力百姓の対立

天皇家の陵墓をもつ常照寺は、山国・黒田地域に所在する多くの寺院の本寺であり、地域の中では格別の由緒を持った寺院であった。当然、有力百姓層との関わりも深く、同寺で行われる重要な儀礼(住職の入寺・僧階昇進・隠退・入寂・年忌・開山忌など)に対して、有力百姓層は出費していた[竹田一九九七]。とはいえ、寺院と有力百姓との関係は必ずしも良好ではなく、一八世紀中から陵墓修復のための人足供出をめぐり、しばしば対立を起こしていた[鍛治 二〇〇六]。この対立が、幕末の時代に再び表面化するのである。

常照寺(現常照皇寺)

助郷役の賦課　一八六五年冬、杉浦領五ヶ村へ東海道大津宿の人馬を補完するための助郷役《すけごうやく》が命じられた。山国地域に東海道筋の助郷役が課されたのは初めてであり、住民たちはこれを新たな役の負担と受けとめた。ペリー来航以来、新規の負担を強いられ続けてきた彼らであったから、助郷役は到底受け入れられるものではない。どのようにしてこれを回避するか、杉浦領の有力百姓たちは思案する。その結果、彼らが思いついたのは、助郷役を命じた幕府に拮抗、あるいは凌駕する別の勢力との結びつきを強化して、この役を回避する、というものであった。いうまでもなく、その勢力とは天皇・朝廷である。

二条家への願書提出　とはいえ、そのためにはどのような手順を踏めばよいのか、有力百姓たちの間でも確固たる方針が定まっていたわけではなかった。残存する史料を見る限り、当初彼らは、年頭御礼・鮎献上などを行う関係にあった摂家《せっけ》の九条家に周旋を依頼しようとしていた(「河原林文書」三二八)。しかし、下村の有力百姓水口市之進《みなくちいちのしん》(右門《うもん》)の実弟で、当時鳥取藩御納戸役《おなんどやく》京都藩邸詰の若代《わかしろ》家に養子に入っていた若代四郎左衛門(正顕《まさあき》)、その若代の紹介で知遇を得た、山陵奉行役人谷森善臣《たにもりよしおみ》門人の本多帯刀《たてわき》と協議した結果、一八六六年三月、当時の関白二条斉敬《にじょうなりゆき》に願書を出すこととなった[仲村一九八〇]。

有力百姓たちが二条家を介し朝廷へ何を願おうとしたのか、史料が散逸してしまっているため、詳しいことはわからない。仲村研は、関係史料に出てくる文言から、山国地域一円の禁裏御料復帰が目的であった、と推定している。しかし、仲村が引用している史料に「神領其余都て以前之通り、今般壱度ニ再興之儀」[仲村一九八〇。傍点は筆者]とあり、また、九条家に提出する予定であった願書の下書きに「相応の御用向きあらせられ候節は仰せつけられ下されたく」(「河原林文書」三二八)とあることから、禁裏御料復帰だけを目的にしていたのではないであろう。ここで思い起こしたいのは、第五章で検討した、一七八一年の願書である。同願書では、山国神社の神領一二五石再寄進のほか、朝廷への再仕官や由緒にふさわしい処遇の付与、苗字帯刀などを求めていた。こうした先例も踏まえると、有力百姓たちが二条家を介して要求したのは、由緒書の内容全般の「復活」であったと見るべきであろう。それが成し遂げられれば、彼らは百姓身分ではなくなるから、当然助郷役も回避できる、という具合である。

この由緒「復活」願に並行して、有力百姓たちは助郷役用捨願を馬路役所へ提出していた(「河原林文書」七六)。由緒「復活」の実現可能性を鑑みた時、これは当然の対応であった。このことがのちに思いもよらない事態を招くなど、当時の彼らは知る由もなかったのである。

常照寺住持魯山和尚の出金要請への反発　有力百姓たちが由緒「復活」願への裁定を待っている中で、常照寺との間で予想だにしていなかった問題が起こる(以下の内容は、特に注記のない限り「河原林文書」七六による)。

同じ年の春、常照寺住持の魯山《ろさん》和尚へ紫衣《しえ》が勅許された。和尚が帰郷の際に盛大な披露式の開催を希望したため、大野村の常照寺世話方が入用金二〇〇両を工面するとともに、山国地域の有力百姓や平百姓たちが道中の供をし、紫衣勅許を盛大に祝った。ところが、帰郷した魯山和尚が紫衣勅許に要した金額一〇〇〇両の工面を、山国一二ヶ村の有力百姓で常照寺世話方を務める者たちに要求したことで、状況は一変する。世話方の有力百姓たちは、村方が相つぐ上金や出役で非常な困難に陥っているのを知りながら、何の相談もなく紫衣勅許を受けたのを咎め、今後村方に相談もなく勝手な願い立てを行わないよう誓約させようとした。この要求に魯山和尚とその役者(住職を補佐する僧侶)は激怒し、彼らを世話方から解任すると言い出した。有力百姓たちも引かず、世話方解任を了承する。

一八六六年六月一九日の寄合　ところが、魯山和尚による反撃は、世話方の解任だけでは終わらない。今度は和尚の方から杉浦領五ヶ村に対し、助郷役用捨願を馬路役所へ提出した件について、詫び状を提出するよう求めてきたのである。提出した願書の中に、山国陵・後山国陵の管理について事実とは異なる記載がある、というのがその理由であった。五ヶ村側はこの要求をはねつけ、さらに対抗処置として、大野村世話方が工面した二〇〇両の返還を求めたが、和尚らは詫び状を提出するまでは返済しない、と譲らなかった。

そうした中、紫衣勅許に要した一〇〇〇両の工面に関して、魯山和尚立会いの下で行われた六月一九日の寄合で、かつての世話方たちは窮地に追い込まれる。この席で魯山和尚は、大野村世話方が紫衣勅許披露式のために工面してくれた二〇〇両の返還を求めてきたと、書状を見せながら参加者に訴えた。すると、禁裏御料七ヶ村の平百姓たちは激昂し、杉浦領五ヶ村の世話方、さらには禁裏御料在住の有力百姓で世話方を務めていた者たちまでを、口々に非難しはじめた。その中で改めて一〇〇〇両の工面について話し合いがはじまると、宮村の西嘉左衛門《にしかざえもん》が一〇〇両の提供を申し出たのを皮切りに、上黒田・下黒田・小塩の各村の者から立て続けに出金の申し出がなされた。なかには、常照寺の家来になりたい、と願い出てくる者まであったという（「西逸治家文書」四六）［仲村一九八〇］。

世話方の多くは有力百姓層であったから、この揉め事は有力百姓と平百姓の対立という、第五章で確認した問題が再発したように見えなくもない。もちろん、そういう側面があるのも確かだが、この寄合で生じた揉め事は、さらに複雑な問題をはらんでいた。というのも、一〇〇〇両の工面に関し最初に出金を申し出た西嘉左衛門が居住する宮村、ならびに西に続けて出金を表明した者たちの住む上黒田・下黒田・小塩の四ヶ村は、山国・黒田地域の内部では本郷と呼ばれる八ヶ村に対し、枝郷と称された村々であった。つまり、この寄合では、有力百姓と平百姓との対立に加え、本郷と枝郷との対立が同時に表面化していたのである。おそらく魯山和尚は、山国・黒田地域の内部に存在したこれらの対立を熟知した上で、寄合の席でそれが表面化するよう仕向けたのであろう。

二人の協力者　どうして魯山和尚は地域の内部事情を熟知していたのであろうか。実は彼の周辺には、地域の事情に通じた二人の協力者がいたのである。

一人は、禁裏御料塔村在住の草木文左衛門《くさきぶんざえもん》である。文左衛門家は山国神社宮座の棚見方右座《たなみかたうざ》に属し、武光名《たけみつみょう》を相続する本家の有力百姓である。文左衛門自身は丹波国今津村から来た養子であったが、先代の妻や子と折り合いが悪く、村方からの仲裁も聞き入れずに訴訟を起こし、先代の子を入牢させてしまう。こうした経緯から村方との関係も悪化していく中で、塔村にある常照寺末寺三明庵《さんみょうあん》の住持が、住民に多額の借金をしたまま女性と駆け落ちする事件が起こった。この住持を推薦したのは檀家惣代の文左衛門であったため、これにより他の住民との関係はますます険悪となった。すると文左衛門は、三明庵の本山である常照寺の魯山和尚に取り入り、塔村の住民たちへの葬式実施を拒否させる暴挙に出た。さらに、馬路村の郷士連中と結託し、「人見」姓を名乗って武家の家来になるなどしたため、次第に有力百姓の間でも孤立していった〔仲村 一九八〇〕。

もう一人は、禁裏御料井戸村在住の今木《いまき》重三郎である。平百姓であったが、「御陵長守戸被下銀渡帳」（東京大学史料編纂所蔵。史談会本―史談会―二五）によれば、一八六五年四月の段階で重三郎は山国陵・後山国陵の守戸《しゅこ》（長格《おさ》）を務めていた。*2 守戸とは、地域に所在する陵墓の掃除・管理を行う者で、文久の陵墓修復事業以降、陵墓ごとに設置された。一八六五年段階ではいまだ仮設置の状態であったが、一八六六年一二月に正式に設置される。陵墓が寺院に所在した場合、その寺院が取締となり、守戸を統括した［上田二〇一二］。山国陵・後山国陵の場合、当然取締は常照寺となる。

このように一八六五年以前から魯山和尚と深い関係にあった重三郎は、紫衣勅許にあたっても和尚のパトロン的な役割を果たしており、和尚から「護法神之化身」とまで評されている。そして実は、重三郎の妻は先に紹介した宮村の西嘉左衛門の姉であり、重三郎と嘉左衛門は義兄弟の関係であった。嘉左衛門を皮切りに黒田地域の住民が次々と紫衣勅許への出金を申し出た背景には、この重三郎による働きかけがあった可能性が高いであろう（「西逸治家文書」四六）［仲村一九八〇］。

魯山和尚グループの守戸正式就任　魯山和尚の巧妙な策略により窮地に追い込まれた旧世話方に、さらなる衝撃的な事態が襲う。一八六六年末に正式に設置された守戸に任命されたのが、今木重三郎のほか、草木文左衛門や西嘉左衛門、それに黒田地域を代表する有力百姓である下黒田村の井本敬次郎を含めた計一二名の者だったのである。一二名中七名は平百姓の家柄であった［仲村一九八〇］。

なぜ守戸の正式設置が、常照寺の旧世話方である有力百姓にとって衝撃だったのか。第一の理由は、守戸が山陵奉行によって設定された公的な職であり、在職中は苗字帯刀が許されていたためである［上田二〇一二］。第五章でも見た通り、苗字帯刀は有力百姓たちが長年にわたり願い続けてきたものであった。一部の有力百姓は、本章冒頭で述べた諸役を務める際に苗字帯刀を許されたが、それは出役中に限ってのものであり、守戸のように地域内に住みながらのものではない。一八六八年（慶応四）三月の宮村での宗門改では、西嘉左衛門だけが他の住民と分けて宗門人別帳が作成されているのを考えると（「菅原宏家文書」D—B—二一—一二—一、二）、守戸在職中は士分《しぶん》として扱われていた可能性が高い。しかも、守戸に任命された一二名の半数は平百姓である。平百姓が有力百姓よりも身分的に上回ってしまう事態が、これにより生じたのである。

第二の理由は、守戸の中に草木文左衛門、西嘉左衛門や井本敬次郎ら有力百姓層も加わっていたことである。これは、魯山和尚が仕向けた六月一九日の寄合でにわかに表面化した本郷と枝郷との対立が、守戸への就任という具体的な形としてあらわれたものにほかならない。すなわち、守戸の設置は、有力百姓・平百姓の関係だけでなく、網役などの共通の利害を媒介にした、有力百姓同士の連帯をも突き崩したのである。

由緒復活から社司拝任へ　ここに至り、魯山和尚の策謀により表面化した有力百姓と平百姓、本郷と枝郷という二つの対立は、魯山和尚に接近した一部の有力百姓・平百姓からなる守戸と、和尚に反発した有力百姓層との対立へと拡大した。この新たな対立構図が生まれた直後の一八六七年(慶応三)三月、前年三月に有力百姓層が二条家へ提出した由緒「復活」願について、すべてを一挙に許可するのは難しいので、まずは山国神社の社司《しゃし》としての官位拝任《はいにん》だけを願うべきである、との返答が届く。

この時点で彼らの間では、助郷役免除に加え、有力百姓としての社会的地位を守ることが早急の課題として浮上していた。そのためには、苗字帯刀以上のものを得なければならない。社司拝任は、彼らが置かれていた当時の状況に、まさにうってつけのものであった。かくして、有力百姓たちの要求は、由緒全体の復活から、社司拝任の一点へと絞られていく。

願書の提出　同七月、有力百姓の水口市之進(下村)、鳥居五兵衛(鳥居村)、河原林《かわらばやし》小源太(大野村)、

藤野斎《いつき》(辻村)の四名が訴願のために上京した。いずれも有力百姓であり、特に水口・鳥居の両家は、中世には山国荘の公文《くもん》・下司《げし》(現地の責任者)を務め、宮座でもこの両家の者が必ず上席へ座るなど、有力百姓の中でも別格の存在であった(くわしくは第二章参照)。この両家の者が訴願の惣代となっているあたりに、社司拝任に対する意欲の程がわかる。

同八日、四名は上下紋付帷子《もんつきかたびら》を着用し、議奏《ぎそう》(朝廷の職名。天皇に近侍し、勅命の伝達、上奏の取次などを行った)の葉室長順《はむろながとし》邸へ赴き、社司拝任願書と由緒書を摂政二条斉敬に取りついでくれるよう依頼する。しかし、当時二条斉敬は、前年一二月の孝明《こうめい》天皇急死をうけて即位した明治天皇の摂政を務めていたため多忙を極めており、また政局も倒幕か大政奉還かをめぐり各勢力がしのぎを削っていた時期であったから、一介の百姓たちの社司拝任願などが迅速に処理されるはずもなく、返答は一向に届かなかった。そこで一一月上旬、水口らが上京し二条家・葉室家へ早々の返答を求めたところ、中旬に入り両家から本多帯刀を通じ、拝任願書と拝任申請の儀礼的文書である勘例《かんれい》・家《か》例《れい》・小折紙《こおりかみ》を提出するよう下命があった。これをうけて同月二三日、水口・鳥居・河原林・藤野の四名連名で関係書類を葉室長順へ提出する。いよいよ社司拝任が現実味を帯びてきたため、藤野斎が帰郷し、代表の四名が先に官位を受けるのについて他の有力百姓たちから了承を取った。

社司拝任　一二月九日未明、禁裏御所の御学問所と呼ばれる部屋の中で、いわゆる王政復古の大号令が発された。有力百姓たちが頼った二条斉敬は、このクーデターの蚊帳の外にいた。それだけでなく、大号令により摂政・関白が廃止されたため、彼は職まで失ってしまった。一方、有力百姓たちは一〇日に位記《いき》・口宣《くぜん》を発給するとの連絡を事前に受けており、九日は若代の家でその準備をしていた。街中が騒がしくなっているのには気づいていたものの、その理由は知る由もなかった。

翌一〇日、鳥居、藤野の両名が様子を伺いに九門内《きゅうもんない》（現在の京都御苑にほぼ相当する区域）に行ってみると、薩摩藩兵が門の警備をしていた。あきらかにいつもと違う雰囲気に、彼らは戸惑った。様子を聞いた本多帯刀が一人で御所に赴いてみたところ、直ちに来い、とのことである。あわてて四人は参殿し、当初の予定通り位記・口宣が発給された。官位は従五位《じゅごい》、官職はそれぞれ備前守（水口）、河内守（鳥居）、大和守（河原林）、近江守（藤野）であった。悲願は遂に達成されたのである。これに続くべく、翌一一日には早速辻啓太郎ら四名が葉室家へ願書を提出した〔以上、仲村一九八〇・一九九四〕。

社司拝任に要した費用　こうして水口ら四名は遂に社司拝任を実現できたのであるが、その過程では多大な出費を要した。二条家や葉室家、それに本多帯刀などが有力百姓たちの社司拝任に尽力してくれたのも、彼らから進上される金銭を当てにした部分が大きい。

「山国ノ庄名主拝任諸入用帳」（「河原林文書」九）と題された文書によれば、一八六六年八月から翌六七年一二月までに水口市之進が支払った金銭は九貫四六九匁一分七厘、藤野斎が三貫八二九匁九分四厘であった。ただ、この文書には鳥居五兵衛と河原林小源太についての記載はなく、仲村研がその論文の中で触れている、二条家への御礼金三五〇両や拝任後に朝廷内部の人々へ配った物品・金銭についても計上されていない〔仲村 一九八〇〕。社司拝任に要した全体の費用は不明な部分が多いが、膨大な出費を要したのだけは確かであろう。

2　農兵隊の結成

当面の目標を社司拝任に絞った有力百姓たちは、願書を提出した四名のみという限定つきではあったが、無事その目標を達成できた。しかし、彼らが本来目指していたのは、すべての由緒の「復活」である。当然、チャンスがあれば改めてその願い立てをしたいと考えていただろうし、そして、そのような願望を持っていた彼らにとって、一二月九日の王政復古の大号令は、期待を大いに高めるものであったに違いない。農兵隊の結成は、そうした彼らの期待の結果であったと見ることができる。

とはいえ、社司拝任から一八六八年一月一一日の農兵隊結成に至るまでの経緯がわかる史料は、実は非常に少ない。特に、一二月の動きについては皆無に等しい。ここでは、一月以降の動向について、藤野斎が明治二〇年代後半にまとめた『征東于役日誌』（以下、『征東日誌』と略記）の記載によりつつ、いくつかの史料で事実関係を補いながら、その過程を跡づけていこう。

人見団五郎の訪問　一月五日夜、社司拝任と助郷役の免除、それに五ヶ村の会計に関わる問題を話し合うため、中江村の西善五郎宅で杉浦領五ヶ村有力百姓の寄合が開かれた。社司を拝任したばかりの河原林小源太、藤野斎の姿もあった。話し合いは深夜にまで及び、外では雪も降りはじめていた。日付も変わり、酒を酌み交わしていた時である。外の戸を叩く者がある。杉浦領馬路役所所属の役人であった。戸を開け中に入れると、「馬路役所が襲撃され、ここまで逃げてきた。どうか匿《かく》まってほしい」と伝えてきた。恐怖のためか、役人は震えていた。やや落ち着きを取り戻したところで再び話しはじめたところでは、本日午前に西園寺公望《さいおんじきんもち》軍先鋒隊の薩長兵が突然来襲し、馬路村の寺を本陣と定めた、住民は彼らになびいてしまい、馬路役所の人間を敵視しはじめたため逃げてきたのだという。その上で彼は有力百姓たちに対し、馬路地域を偵察し状況を伝えるよう要求してきた。

以上が、『征東日誌』に描かれた一月五日から六日早朝までの出来事である。同三日夕方からはじまった旧幕府軍と薩長軍との戦闘（いわゆる鳥羽伏見の戦い）の戦況が定まらない中での山陰道方面への出撃は、薩長軍が敗れた場合、天皇を連れて西国に退却するというプランがあったためである［保谷 二〇〇七］。馬路地域への薩長軍の来襲について、五日当日馬路に滞在していた山国地域中江村在住のとある有力百姓は、河原林小源太らに宛てた六日暮五ツ（午後八時頃）付の書簡の中で、その時の様子を次のように伝えていた。

ただいま馬路より帰宅した。夜九ツ（午前零時頃）、薩長両藩の兵五百人あまりが押し寄せ、小口村、池尻村、出雲村を横切り、馬路村へと迫ったため、馬路役所も大騒ぎとなった。なぜ押し寄せてきたのかは不明だが、今朝聞いたところによると、御所の太子様を連れて来ているとの話である。両番のうち一橋《ひとつばし》の郷士組は夜のうちに麻上下《あさかみしも》帯刀にて出頭するよう薩長軍より申し付けられたが、恐れをなして誰も出頭していないという。太子様は馬路村に滞在中で、薩長軍は長林寺などにいるという。役所のことが心配なので、とりあえず伝えておく。

（皇學館大学文学部国史学科所蔵山国隊関係史料）

これによると、薩長の兵が馬路方面へ押し寄せてきたのは六日未明のことで、来襲の理由もわからないまま、朝になり「太子様」が来ているとの情報を得たという。西園寺公望ではなく「太子様」と噂されているなど、当日の混乱した状況をよく物語っている。これと比べると、『征東日誌』の記載はやや詳しすぎる感がある。同日記をまとめた明治二〇年代の段階で、記憶が曖昧になっていた部分を文献などで補ったのであろう。

藤野斎、馬路方面へ向かう　さて、『征東日誌』によれば、役人の要請を受け、藤野斎ほか数名の者が翌六日に馬路を訪れたという。ただ、この記載についても検討の余地がある。一月五日以降に藤野斎が有力百姓たちに宛てて出した、次の書簡を見てみよう。

（前略）三丹方面へ西園寺殿が勅使として向かったため、水口（水口市之進）、辻啓（辻啓太郎）、草清（草木清左衛門カ）、若代（若代四郎左衛門）の四名も今朝馬路へ出張したという。若代よりは、御警衛のため杉浦領五ヶ村から七、八名を馬路か園部へ出張させるよう伝達があり、そのために伝八は先に帰ってきたとのことである。よって自分のほかでは、西喜間太、あるいは河清（河原林清三郎）か河彦（河原林彦三郎）といった壮健の者に早々に来てもらい、御供したいと考えている。出張の際は、割羽織や麻裃などを持参してほしい。以上を早々に相談し、遅れずに出張するよう、繰り返しお願いしたい。先の四名は馬路で待っているというので、とにかく急いで欲しい。

（皇學館大学文学部国史学科所蔵山国隊関係史料）

ここで注目したいのは、藤野らの出張は、おそらく社司拝任運動のため、京都に滞在していた水口やその運動に協力していた若代から、西園寺の丹波方面出張の情報が届いたのに端を発する点である。一方、『征東日誌』では、役人の要請で馬路に出張したとされているが、この場合、より信憑性が高いのは、同時代に書かれた書簡の方であろう。この時期についての藤野の記憶は、やはり相当に混乱してしまっているように思われる。

藤野が至急の対応を求めた理由　しかし、では、なぜ藤野斎は、書簡の中で至急の対応を求めたのであろうか。その点に留意しつつ、次に、藤野が河原林小源太へ宛てた書簡を見たい。日付の記載はないが、内容からして、六日、七日頃の発信であろう。

馬路より出張した。「兼ねての密計の禁庭へ随身の場所」は、今この時だと考えている。来てくれるよう強くお頼みする。

（皇學館大学文学部国史学科所蔵山国隊関係史料）

「禁庭」は朝廷の意味である。「随身」を「付き従う」、つまり山陰道鎮撫軍《ちんぶぐん》への従軍と捉えるか、あるいは朝廷への仕官と捉えるべきか、悩むところであるが、その直前に「兼ねての密計」（以前から密かに計画していた）とあるので、後者の意味であると考えたい。「場所」は、そのあとに続く文章から、「機会」というような意味合いであろう。

以上の点を、先に見た書簡の内容と合わせて考えると、藤野が至急の対応を再三求めてきた意味もあきらかになる。すなわち藤野は、旧幕軍と薩長軍が戦闘を開始し、西園寺公望が天皇の勅命を受けて三丹方面へ出陣している当時の状況を、悲願であった朝廷への仕官を実現するチャンスと考え、そのために必要な人員の派遣を求めていた、と考えられるのである。

農兵隊の結成へ　藤野の強い呼びかけもあり、杉浦領五ヶ村を中心とした山国地域の有力百姓層の一部が、馬路へと参集した。そののちの行動については、『征東日誌』の記載に頼るほかない。

以下、その内容から、一月一一日の農兵隊結成までの動向をまとめておこう。

六日に馬路に集結した有力百姓たちは、協議の上、山陰道総督府本陣へ向かうことに決めた。途中、抜刀・抜槍した兵から尋問を受けたので、名刺を出し事情を伝えると、兵たちから取りついでくれるという。許可を得たのち本陣へ出頭し、参陣の希望を訴えると、大いに称賛され、大堰川筋に逃げた兵の捕縛の任を受ける。「西園寺公望家記」（東京大学史料編纂所蔵。四一七五―一二〇二）に、敗残兵捕縛のために馬路地域の郷士たちへ参陣を求めたとの記載があるので、参集したすべての者へ同様の命令が下されたのであろう。

直ちに鳥羽から舟枝村（ともに現京都府南丹市八木町）までの川筋を捜索した有力百姓たちは、二名の兵を捕らえ、本陣へ護送した。その日は舟枝村で宿泊する。

翌七日朝、一同で協議した結果、一旦帰郷し、一隊を編成した上で再度参陣することに決した。話し合いの具体的な内容は不明だが、この時点で参集していたのは杉浦領五ヶ村の有力百姓ばかりだったので、禁裏御料の村々の有力百姓を交えて隊を組む必要を考えたのではないだろうか。

一月九日、毎年恒例の有力百姓集会の日。中江村の小畠義久宅で開かれたこの集会には、鳥取藩からの周旋人として若代四郎衛門らも参加していた。集会では、まもなく征東の指令が出されるであろうとの予想を立てた上で、かねてより望んでいた「復古」を果たすのは今この時である、との意見が出た。この意見は、先に見た藤野斎の書簡での見解と一致する。一同が賛同し、有力百姓たちの目標は定まった。

翌一〇日夜、小畠宅へ平百姓の有志を新たに招き、隊への参加を募った。この会合について、藤野斎が東征中に水口市之進に宛てた書簡の中で、次のように記している。

（前略）平百姓一五名は東北遠征への参加を承諾した。彼らからは、国元で約束した名主への引き上げを戦死した場合も行うこと、朝廷より恩賞があった際は均等に配分することが条件として出された。いずれも小畠宅での会合の際に出た話であったので了承した。

（「高室美博家文書」E―一―二〇）

名主（有力百姓のこと）への引き上げと恩賞の配分が、隊参加の条件として出されていたのである。有力百姓との格差に不満を抱いていた平百姓にとって、この条件は極めて魅力的なものであったに違いない。

こうして平百姓の参加も決まると、続けて①誓書の作成、②この時点での社司拝任者である水口市之進・鳥居五兵衛・河原林小源太・藤野斎の四名を、かつての山国神社の宮座の組織にならい「沙汰人」と定める、③隊を二陣に分け、第一陣が山陰道鎮撫軍への合流、第二陣が仁和寺宮《にんなじのみや》の率いる軍への合流を目指す、以上三点が決定された。

3　本章のまとめ

山国地域で農兵隊が結成されるまでのプロセスを追ってきた。常照寺の紫衣勅許をめぐって起きた魯山和尚と世話方との対立が、魯山和尚の策謀によって①本郷と枝郷、②有力百姓と平百姓、という二つの対立へと発展したこと、枝郷である黒田地域の有力百姓と平百姓の一部が守戸に取り立てられたのが、山国地域の有力百姓たちが農兵隊を結成する直接の原因となっていたことがあきらかとなった。最後に、農兵隊結成当日の様子と、黒田地域の動向に触れておこう。

一月一一日早朝、山国地域の鎮守である山国神社の前に八三名の者が集結した。*3 その中に、対立した黒田地域の住民の姿はなかった(小塩村の住民は加わった)。常照寺への出金をめぐり生じた対立は、農兵隊の結成の時点でも解消されていなかったのである。

神酒を飲んだのち、藤野斎が代表し、神前で誓書が読み上げた。あえて現代語訳せず、以下に示そう。

誓書

一、今般名主一同勤王を唱へ有志の銘々団結出兵致すべき輩は、相互に私論を省き、万事公道に随うべき事

一、出張中は四沙汰人・組頭の指揮に相背き申すべからず、最も忠勤を尽くすべき事

一、往還道路筋において、乱暴猥りがましき儀、一切禁制たるべし、諸事相慎み申すべき事

一、同志の者私論を申し立て、口論一切致しまじく候、尤も酒は禁酒同様たるべく事

右の条々、堅く相守り申すべく候、もし違乱これあるにおいては、社司仲ヶ間相省き、即日解放申し付くべきもの也

慶応四辰年正月十一日

山国社司総代理

四沙汰人中

組頭中

（藤野斎著／仲村研・宇佐美英機編『征東日誌』国書刊行会、一九八〇年）

第一条に「名主一同」とあり、またこの誓書に反した場合の制裁方法が「社司仲ヶ間相省き」とあることからもわかるように、隊の中心はあくまで有力百姓であった。神籤《みくじ》を取った結果、水口・藤野が第一陣、鳥居・河原林が第二陣を率いることとなった。集結した八三名は第一陣に六三名、第二陣に二〇名と分かれ、出陣を開始した。なお、第一陣には鳥取藩の周旋方も加わった。

一方、黒田地域の住民たちである。これより少しのちの二月二四日、上黒田・下黒田・宮村の三ヶ村の住民計二五名が連名で、親征の際は相応の御用を務めたいとの願書を維新政府へ提出した。その中では山国地域からの農兵隊出征について言及されており、歎願が山国地域への対抗意識から行われたものであったことがわかる。彼らは翌々月の四月にも同様の歎願を行う。しかし、いずれも聞き届けられなかった（「井本正成家文書」五—二—七六、『北桑田郡誌　近代編』三八頁）。常照寺住持魯山和尚の紫衣勅許をめぐり表面化した二つの対立は、こうして山国地域の一部住民による農兵隊結成という、思いもよらない事態へと帰結したのである。

＊1　明治維新後に後土御門天皇と嘉楽門院の陵墓はそれぞれ深草北陵、般舟院《はんしゅういん》に治定されたので、現在も常照寺に所在しているのは光厳・後花園の二天皇の陵墓である。

＊2　ほかは同村の大宅《おおや》喜左衛門・村山多左衛門・松山庄三郎・河北藤右衛門の四名。

＊3　この数字は、『征東日誌』一二～一四頁の記載に基づく。ただし同書一二頁冒頭の文章では人数を八六名と記載してあり、また、仲村研はその著書の中で第一陣六四名、第二陣二七名と計上しているが、出典は不明である。

七　山国隊と戊辰戦争

第一陣、第二陣に分かれて出陣した山国地域の農兵隊。このうち、第一陣の一部が二月一三日に関東方面に出征し、戊辰戦争を戦うことになる。

山国農兵隊の戊辰戦争への出征については、水口民次郎『丹波山国隊史』（山国護国神社、一九六六年）、仲村研『山国隊』（中公文庫、一九九四年。一九六八年に学生社から刊行された同名書の再刊）をはじめ、多くの研究が発表されている。本章では、それらの研究を踏まえつつ、出征中にやりとりされた手紙を用いて、これまであまり知られていなかった山国農兵隊の姿を描いてみよう。

1　第一陣・第二陣の対立と山国隊の関東出征

まずは、一月一一日に農兵隊が山国を出発してから、二月一三日に第一陣の一部が関東方面へ出征するまでの状況を見ておきたい（本章の以下の内容は、特に注記しない限りすべて『征東日誌』による）。

第一陣、鳥取藩の付属となる　一月一一日に山国を出発した第一陣は、山陰道鎮撫軍への合流を目指し、一五日に檜山（現京都府綾部市）へ到着する。ところが、翌一六日、陣に同行していた鳥取藩周旋方の伊王野治郎左衛門《いおうのじろうざえもん》が一足先に鎮撫軍本営を訪れて合流を申し出たところ、許可されなかった。兵員はすでに充分おり、戦闘自体も起こっていない、というのがその理由であった。

伊王野からこの情報を聞いた第一陣の一行は、今後の方針について話し合った。引き続き出征の道を探すのか、それともこのまま帰郷するのか。意見は割れたが、最終的には前者に決し、伊王野を介して各方面へ働きかけることになった。

一八日に京都に入った第一陣は、その日のうちに伊王野に藤野斎《いつき》・水口市之進などを加えた六名で鳥取藩家老荒尾駿河邸を訪問、参戦の意志を伝えた。荒尾はこれを称賛し、直ちに一同を連れて参与役所へ出頭、岩倉具視《ともみ》と対面させた。岩倉もまたその志を称え、鳥取藩付属として中立売《なかだちうり》御門を警備するよう命じたという。なお、この時に岩倉が第一陣を「山国隊」と命名した、との話が現在は定説となっているが、どのような史料を根拠としたものなのか、よくわからない。筆者が確認した限り、この話がはじめて登場するのは水口民次郎『丹波山国隊史』である。

第一陣と第二陣との対立　一方、第二陣も仁和寺宮《にんなじのみや》の軍への合流を目指したが果たせず、一九日に大坂から京都へ戻っていた。両陣の代表は、二〇、二一日の両日に会合を開き、今後の対応を協議する。第一陣は鳥取藩への付属を、第二陣は朝廷への直属を主張した。両陣ともに譲らず激しい口論となり、物別れに終わってしまう。第二陣の沙汰人であった河原林小源太は、自分の影響下にあった大野、中江両村出身の者たちを第一陣から脱退させた。また、比賀江《ひがえ》村出身の者たちは、両陣の対立に巻き込まれることを嫌い帰郷してしまう。これにより、第一陣の構成は、下・鳥居・塔・辻・小塩の五ヶ村出身の者、計五三名となった。

とはいえ、第六章で見た通り、そもそも農兵隊の結成自体が、地域内に生じた様々な対立への対応として行われたものである。両陣の対立が問題をさらに複雑化させてしまうのは、誰が見てもあきらかであった。そのため、両陣とも何とか折り合いをつけようと二一日以降も会合を重ねた。しかし、一度できてしまった溝を埋めるのは容易ではなく、結局両陣は、それぞれ独自に行動することとなった。第二陣は、「親兵組」を自称して朝廷への直属を目指したが、果たせなかった。

調練の開始から出征まで　鳥取藩への付属を望んだ第一陣は、二一日夕刻、同藩の新屋敷に居所を移した。鳥取藩の教導方が調練稽古への参加を呼びかけてきたため、二九日より大将軍(現京都市北区)の地蔵院(椿寺)で調練を開始した。フランス式の調練であったという[仲村　一九九四]。二月一日には調練前に北野天満宮を訪れ、調練への精勤を祈願した。出征からの帰還後に灯籠《とうろう》を寄進することとなる北野天満宮との関わりは、この辺りからはじまったのであろう。

二月八日、所用で馬路へ出張していた藤野斎たちに、東山道先鋒隊として出陣せよ、との通達が届いた。急いで帰京した藤野らが荒尾駿河とともに参与役所へ出頭すると、改めて岩倉具視より「一二日より鳥取藩付属として出陣せよ」との命が下った(なお、出征の日程はのちに一三日へと変更された)。

出征を前に、解決すべき問題が二つあった。一つは、親兵組(第二陣)との対立。もう一つは、出征費用の工面である。水口と藤野で話し合った結果、第一陣を二隊に分け、年少である藤野が出征部隊を率い、年長の水口は残留部隊を率いて中立売御門の警備にあたりながら、二つの問題に対処することとなった。なお、この経緯から見てもわかる通り、厳密にいえばこの第一陣全体を山国隊と呼ぶべきなのであるが、煩雑さを避けるため、本章では藤野が率いた出征部隊だけを「山国隊」と呼ぶことにする。

出征費用の問題に関して、水口・藤野連名で辻彦六（出征する辻啓太郎・繁次郎の父親）に宛てて出された二月一一日付の書簡には、おおよそ次のように記されている。

先日お伝えした御親征の件は、いよいよ一三、四日頃出発の見込みである。当陣にも参戦の仰せがあったので、皆に伝えてほしい。路用金や装備品の調達など、多くの費用を要すると思うので、貴殿にはその工面を頼みたい。何分大人数なので、道中の賄いなどは周辺の大名から出るであろうが、やはり少々の金は持っていく必要がある。銘々が最初に持参した金は尽きはじめているので、くれぐれもよろしく頼む。

二月一一日　　　　水口　藤野

（「辻健家文書」四―三八一）

出征には多くの資金を要すると予想しているものの、あまり切迫した様子は感じられない。のちにこの資金問題がどれだけ自分たちを苦しめるのか、当時の彼らは知る由もなかった。

一一日、軍務局より、とある鳥取藩士を山国隊の隊長とする旨が伝えられた。翌一二日の荒尾駿河邸での協議で、藤野斎は組頭となる。制度上はともかく、隊員たちにとってのリーダーはあくまで藤野である。

一三日、出征当日のその日は、朝から雨が降っていた。山国隊総員二八名は、早朝に鳥取藩新屋敷から中立売通の同藩上屋敷へ移動、朝四つ刻（午前九時頃）より東山道軍先鋒方一三番隊として関東に向けて出発した。

2　京都出発から江戸到着まで――山国隊の出征 1――

山国隊の出征経路は、一三五頁の図の通りである。この図を前提に、出征中の様子を見ていこう。まずは、山国隊が京都を出発してから江戸に到着するまでの、およそ一ヶ月間の動向である。

平百姓の不満と盟書の作成　二月一三日に京都を出発した山国隊は、一七日に大垣に到着した。この間、一五日に山国より六名の追加人員が合流し、総員は三四名となった。

出征早々より組頭の藤野を悩ませたのは、平百姓の隊員の処遇である。当初隊内では、総員三四名中一五名を占めた平百姓の隊員を、有力百姓の隊員の従者として扱い、荷物持ちなどをさせていた。この露骨な待遇の差に、平百姓隊員から不満の声があがっていたのである。第六章で見たように、出征前の一月一〇日に行われた会合で、有力百姓たちは平百姓の有力百姓への引き上げを約束していたから、平百姓隊員たちが不満を訴えるのも当然であった。

そこで藤野は、大垣滞在中の二月二〇日、今後荷物は人夫を雇って運ばせる、と平百姓隊員に約束するとともに、一通の文書を作成し、隊員の結束を図った。あえて現代語訳せず、以下に示そう。

盟書

一、今般御親征先鋒御供仰せつけられ、勤王有志の銘々、一統赤心相定め出張候上は、御陣中御規律堅く相守り、軍忠を尽し、仮令《たとい》陣前に討死致し候共、相互に遺恨これなく、もし死亡のものこれあり、名蹟相続に拘《かかわ》り候程の儀出来候節は、一統示談を遂げ、誰彼に拘わらず、家名相続相立て候様、相互に戮力《りくりょく》扶助致すべきの定めに候、右件盟書致し候上は、出先の銘々は申すに及ばず、子々孫々永く王事に鞅掌《おうしょう》致すべく候、後のため鏡連判、依て件《くだん》の如し

于時《ときに》慶応四辰年春二月廿日

山国隊連名

森脇市太郎（血判）

（以下一八名氏名省略）

新井兼吉（血判）

（以下一四名氏名省略）

右出張人数三拾四人

濃州大垣城下納屋権十郎宿陣中の盟也

（「山国隊軍楽保存会保管文書」三）

出征中の規律厳守、討死した場合の相互扶助をうたっている。前章で見た「誓書」はあくまで有力百姓だけのための誓約書であったのに対し、この「盟書」では隊員全員の署名（ただし、すべて藤野の筆）と血判が押されている。とはいえ、署名の字の大きさが有力百姓と平百姓とでは異なるなど、この段階では両者の処遇にはいまだ厳然たる格差があったのもまた事実であった。

金銭を配る　だが、「盟書」の作成だけでは、平百姓隊員の不満は解消されなかった。もし隊員の半分近くを占める彼らが脱走したりすれば、山国隊は隊として成り立たなくなるから、そうなれば、彼らの目的であった有力百姓としての社会的地位の維持など、到底果たせなくなるのはあきらかであった。

山国隊転戦経路略図

仲村研『山国隊』（中公文庫、1994 年）
巻末の図より転載（一部加工）

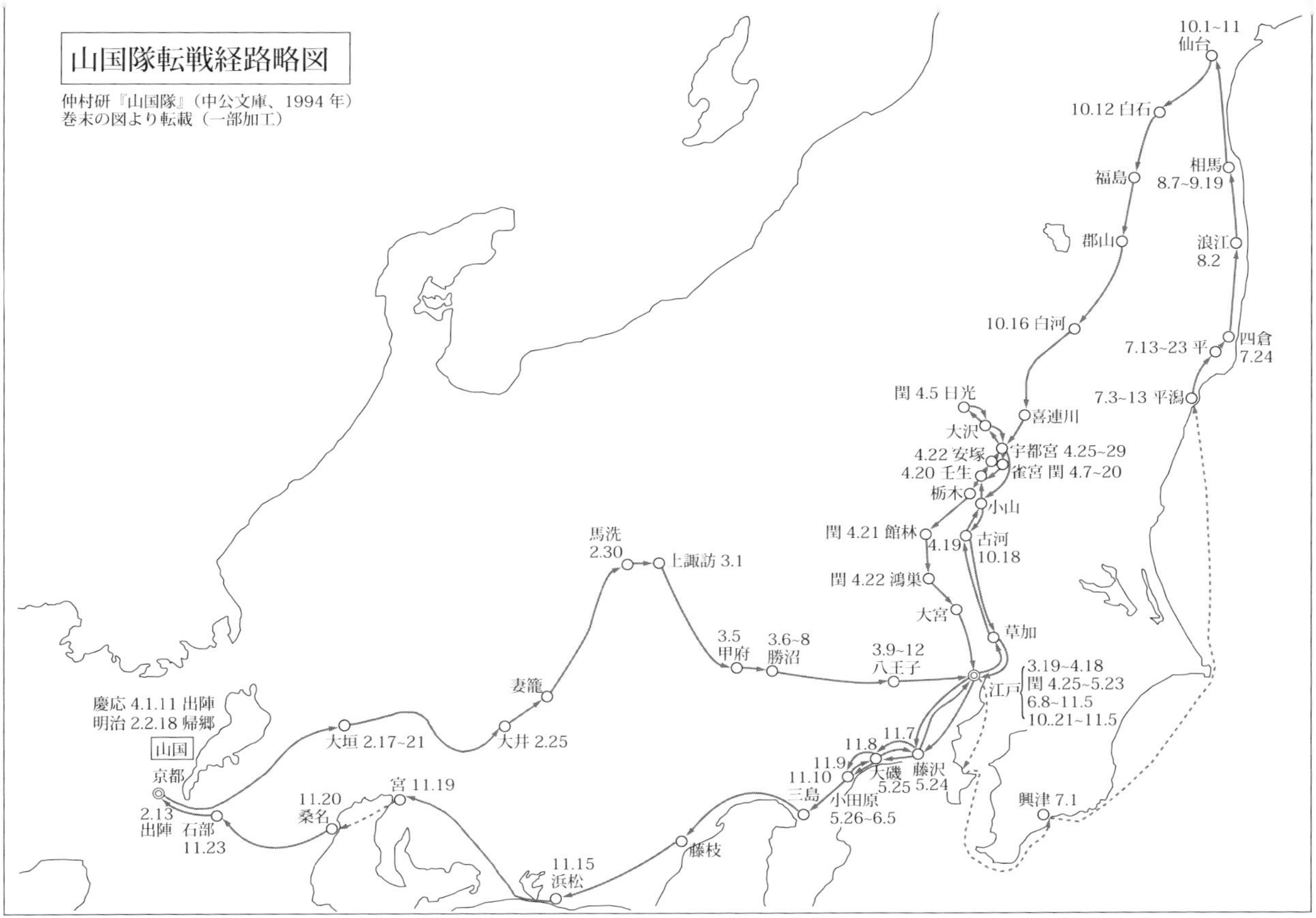

そこで藤野は、隊員に小遣いを与え、それにより平百姓隊員の不満を抑えようとした。この藤野の作戦はひとまず成功し、隊は大垣出発後、特に揉め事もなく順調に東山道を進む。ただ、このようなやり方は在郷の有力百姓たちからは理解を得られなかったようで、辻彦六は息子たちに宛てた書簡の中で、出征前の会合では小遣いを配るというような話は出ていなかった、と不満を述べている(「辻健家文書」四―三五一)。

はじめて戦いに参加　山国隊は、三月五日に甲斐国の甲府へ入った。この間、三月二日に那波九郎左衛門《なはくろうざえもん》が山国隊組頭となり、三日には隊長が河田左久馬《かわたさくま》へと交代している。なお、那波の組頭就任に伴い、藤野は取締という役職へ変更された。

甲府に到着した翌日の七つ刻頃(午前四時頃)、山国隊に出陣の命令が下った。敵は、近藤勇率《いさみ》いる甲陽鎮撫隊《こうようちんぶたい》である。山国隊は雨でぬかるんだ道を必死に進んだ。周囲は暗く、どこを進んでいるのかもよくわからない。明け方になり、ようやく甲府城の東北にいるのが確認できた。

勝沼まで進んできたところ、「笹子峠《ささご》(現山梨県大月市・甲州市)で土佐・鳥取両藩斥候隊《せっこうたい》と敵兵が戦闘中」との伝達があったため、直ちに同地へ向かった。この時の状況について、藤野斎は三月中旬に水口市之進に送った書簡で次のように述べている。

笹子峠は自然の要害で、砲台や柵が設けられていた。しかし、土佐・鳥取両藩の銃兵が両側から銃撃したところ、敵兵は敗走した。山国隊はそれを追って鶴瀬宿《つるせ》(現山梨県甲州市)というところまで来たが、そこで日が傾いたので勝沼へ戻った。(中略)山国隊は笹子峠の戦いには遅着してしまったが、他隊も同じようなものである。
(「高室美博家文書」E―一―一一〜一三)

はじめての戦闘に勝利した隊員たちは、その夜に祝杯をあげた。ところが、翌七日、藤野らは東山道軍本営に呼び出され、笹子峠への遅参について詰問された。藤野は必死に弁明し、何とか処分を免れることができた。しかし、遅参が隊の不統率に起因していると考えた河田左久馬は、鳥取藩客士であった原六郎・細木元太郎を隊の司令士に迎え、さらに長州藩の奇兵隊に所属した経歴を持つ者を隊に加えた。

同じ七日、山国隊は東山道軍の斥候隊として再び進軍を開始し、九日に八王子に到着する。八王子を一三日に出発、府中宿を経て、一四日に新宿へ到着した。ここで一八日夜まで過ごしたのち、一九日に市ヶ谷の尾張藩上屋敷へ入った。二月一三日の京都出発から一ヶ月あまり、山国隊は敵の根拠地である江戸に到着したのである。

資金が尽きる　しかし、この時点ですでに山国隊が持参した資金は尽きてしまっていた。江戸に到着してまもない三月二一日、藤野は次の書簡を水口らに送り、資金の調達を頼んでいる。

(前略)徐々に規律も厳しくなってきたが、何分野兵の集まりなので規律が守られず、鳥取藩の恥にもなりかねない有様で、非常に困っている。新しく入った若い司令二人による調練は厳しく、一同苦心しているものの、皆一生懸命に取り組んでいる。ただ、規律の問題は何ともしようがない。戦があった際は大きな功績をあげて、非難を受けないようにしたい。(中略)持参金が八王子で尽きてしまったので五〇両を那波九郎左衛門君の名義で河田左久馬より借用したが、これまた尽きてしまったため、仕方なく一〇〇両を追加で借り受けた。しかし、この金も隊員に配分すれば一人三両程度にもならず、不満を言い出す者もあって困っている。一旦帰京して金を集めようとしたのだが、許可されなかった。そのため、こうして手紙を出し、金策を強くお願いしている次第である。少なくとも三〇〇両位は用意してほしい、と一同主張している（以下略）

（「高室美博家文書」E―一―六・七）

『征東日誌』によれば、二〇日に河田左久馬が江戸滞在中の心得を出し、また二一日からはフランス式の調練が開始された。[*1] 中略部分の前の記載は、その頃の隊員たちの状況を述べたものである。藤野は、平百姓隊員たちが規律を守ろうとしないのに苦悩していた（「野兵」というのは、平百姓の隊員を指している）。彼らを懐柔するため、藤野は大垣出発後も小遣いの配布を続けていたが、それによって出費がかさみ、この手紙を書いている時点ですでに一五〇両もの借金を背負っていたのである。

三月二八日に再び藤野から水口へ出した書簡では、遂に出征自体の中止を考えはじめるまでに至っていた。

長期滞在するにはとても金が足りず、その上、最近は感冒が流行っており、本当に困っている。（中略）このまま長期滞在となるようであれば、出征人員を減らすか、あるいは禁裏御所の警衛に変更してもらえるよう周旋してはもらえないだろうか。表立って藩へ願い立てをするのは良くないであろうから、何か良い方法がないかどうかを検討してほしい。（以下略）

（「高室美博家文書」E―一―一四・一五）

資金の不足は、かくまで藤野を追い込んでいたのである。

若代よりの帰還催促　帰還を願う気持ちは、京都に留まっていた仲間たちも同様であった。四月下旬に若代四郎左衛門から隊に送られた書簡を見てみよう。

江戸は平穏とのことで、大いに安堵した。会津がいまだ反逆の意志を持っていることを苦々しく思っている。貴隊ほか一小隊が一七日より出張になったとの由、長旅ののちで大変ご苦労なことではあるが、江戸より東へは出征せずに凱陣してくれるよう祈っている。（中略）この度当藩のいくつかの隊が江戸へ出張の予定である。すでに出張している隊と交代するため、との噂もあるので、事実とわかり次第、交代を出願してほしい。隊の状況も兄から色々と聞き、心配している。この辺で首尾よく帰京を願い出るべきだ、と話し合っている。交代の募集があれば、是非早々に出願してほしい。

（「辻健家文書」四―三四六）

江戸以東への出征を命じられないよう祈り、また可能であれば交代願を出すように促すなど、一貫して消極的な意見を述べている。中略した部分では、実兄である水口市之進が病気となり、資金の調達に苦労している旨が記されていた。そうした状況もあり、若代はこれ以上の出征は困難であると考えたのであろう。しかし、この若代の願いは届かなかった。書簡に「一七日より出張になったとの由」とある通り、この時すでに山国隊は宇都宮攻略のため出陣していたのである。

名乗りを与える　話を少し前に戻そう。四月三日、藤野は河田左久馬より新たに五〇両を借用した。翌四日、それを隊員たちに配ったところ、額が少ないと文句を言う者があった。司令士の原六郎が叱責したためその場は収まったものの、平百姓隊員たちの不満の高まりを、藤野は改めて感じたに違いない。

四月九日、藤野は隊員に実名（名乗り）を授けるという、新たな試みを行った。山国地域でそれまで実名を持っていたのは、山国神社の宮座の座衆だけであった。藤野はそれを、平百姓を含めた隊員全員に与えたのである。実名を与えられた隊員たちは、白地の布に記載して肩に付けた。

実名を与えた理由について、藤野は『征東日誌』で、「討死などした際に見分けがつくようにした」と記している。だが、藤野の真意は、もっと別のところにあったのではないか。おそらく藤野は、平百姓の隊員たちの不満が高まっている中で、地域内での一つのステータスシンボルであった実名を与えることで、彼らの不満を抑えようとしたのであろう。

3 安塚の戦いから東北出征まで——山国隊の出征 2——

鳥羽・伏見の戦いから四月の江戸開城まで、維新政府軍の東征は極めて順調であった。大多数の藩は政府軍に無抵抗で恭順し、時折起こった旧幕府軍との戦闘でも、政府軍は軒並み勝利をおさめていた。三月一四日には勝海舟と西郷隆盛の会見が行われ、江戸の無血開城、徳川慶喜の水戸謹慎が決定される(先鋒総督橋本実梁《さねやな》らが江戸城に入ったのは翌四月四日)。これにより東征も完了するかに思われたが、四月中旬以降、状況が一変した。品川沖に停泊していた旧幕府軍艦七隻が江戸湾を脱出し、さらに旧幕府歩兵隊の一部も江戸を脱走して徹底抗戦の構えを見せたのである。これを受け、東北・北越方面の諸藩も旧幕府側についていた庄内・会津両藩への攻撃を中止したのみならず、両藩への寛典《かんてん》処置を求めて同盟を結び(いわゆる奥羽越列藩同盟《おううえつれっぱんどうめい》)、やがて政府軍と衝突した。

資金の不足から京都への帰還を検討しはじめていた山国隊は、この新たな戦局の中に巻き込まれていく。

山国隊の宇都宮出陣　四月一七日昼、河田左久馬より、大鳥圭介率いる旧幕府歩兵隊との戦闘に参戦せよ、との命令が下った。江戸からの脱走兵である大鳥隊は、下総国府台《こうのだい》に集結したのち日光方面に向かって進軍、対峙した政府軍を打ち破り北上を続けていた。翌一八日、山国隊は病身の四名を除いた計三四名（山国出身者に郷外者の那波九郎衛門・原六郎ら四名を加えた人数）で、宇都宮に向けて出陣する。

東山道進軍の時と異なり、今回は不利な戦況の中での出陣である。山国隊は新たに戦中心得を作成し、また戦闘中の暗号を簡略化するなどして、戦いに備えた。一行は一九日に古河《こが》に到着する。

安塚の戦い　二〇日午前四時頃に古河を出発した山国隊は、同日の午後六時ごろに壬生《みぶ》城（現栃木県下都賀郡壬生町）に入城した。翌二一日朝、宇都宮沿道の安塚村（現栃木県下都賀郡壬生町）付近に敵兵が来襲したとの情報が入り、山国隊も出陣した。出征中最も過酷な戦いとなった、安塚の戦いのはじまりである。

閏四月一六日付で藤野斎が辻彦六に宛てた書簡から、戦闘の様子を窺うことにしよう。

二一日九つ刻（正午頃）壬生城を出発し、夕方に安塚宿に到着した。宿のはずれで敵兵に出会ったため、発砲してこれを敗走させた。夜に入ると処々に篝火《かがりび》が見えたため、大筒を構えて守備につき、合図があり次第一斉に進撃できるよう待機していた。（中略）夜八つ刻（午前二時頃）、敵兵が襲来したため応戦した。弾丸と雨が降りそそぐ中、山国隊は二手に分かれて進撃した。敵は小森の陰に要害を構え、七〇〇あまりの兵で我々を待ち受けていた。七つ半刻（午前五時）

頃、貴兄の長男の辻啓太郎は右腕を撃たれ負傷したため、私と病院に向かい、治療を受けた。山国隊だけが先に進んで戦い続けたため、夜明けごろに弾薬が尽きてしまった。そこで土佐藩兵と交代して退却しようとしたところ、敵兵の逆襲にあってしまう。有馬兵庫頭(有馬藤太)の隊は応戦してくれたが、大久保駿河守(大久保忠告)の隊は敵を恐れて戦わなかった。田中浅太郎が討死、高室治兵衛が腹部を、高室誠太郎が左脇腹を撃たれるなど、多くの負傷者が出た。怪我人を直ちに病院へ収容したところ、敵兵が迫ってきたため壬生城に退却した。壬生藩隊や有馬隊にも負傷者が出ていた。鳥取・土佐両藩の兵が援軍として到着し、敵を散々に打ち負かした。ところが、全軍が西河田村(現栃木県宇都宮市西川田)まで進軍したところ、その隙をついて敵兵の一部が再び壬生城を攻めてきた。城内は病人・怪我人が多く、鉄砲も雨で濡れて使用できず、応戦もできない。城下に火をかけられたため、やむなく諸藩の兵とともに脱出した。(中略)鳥取・土佐藩兵が夕方に戻ったため壬生城は敵の手には落ちず、城下が若干焼失した程度の被害ですんだ。その日の夜に高室治兵衛は死亡、誠太郎も一時は非常に厳しい状態であったが運よく回復し、一同喜んでいる。

(「辻健家文書」二五―f―八)

山国隊は戦闘の最前線で戦ったのである。隊員で戦死したのは田中浅太郎(平百姓)・高室治兵衛(有力百姓)の二名、重傷者は辻啓太郎・高室誠太郎(有力百姓)のほか、この書簡には名前が出てこない草木栄治郎・水口幸太郎(ともに有力百姓)を合わせた四名であった。このほか、新井兼吉(平百姓)が行方不明となり、後日戦死扱いとなった。

安塚での山国隊の奮闘は評判となり、河田左久馬から隊へ五〇両、鳥取藩からは戦死者へ五両、重傷者へ五〇〇疋（一両一分に相当）、隊へ一〇両が褒賞としてそれぞれ与えられた。さらに、閏四月二五日に宇都宮出征部隊が江戸へ帰還するにあたり、山国隊は錦の御旗の警固役に任命された。藤野は帰陣当日に江戸で療養中であった者たちをわざわざ呼び寄せ、凱旋に加わらせている。正午頃に板橋を出発した山国隊は、多くの人々が沿道に集まる中、江戸に入り、午後四時すぎに鎮撫総督府本営に到着した。

奮闘が生んだ苦悩　しかし、山国隊の評価が高まったのとはうらはらに、藤野は苦悩していた。閏四月一四日、療養のためひと足早く江戸へ帰還していた辻啓太郎に宛てた書簡の中で、藤野は次のように述べていた。

> 鳥取藩からそれぞれ褒賞を受けたのはありがたいことであるが、本音をいえば非常にやりにくくなったと思っている。大名からもらった金なので恥ではないが、後々のことを頼みにくくなってしまった。わずかな金に釣られたようになり、残念である。国元からの送金がなかったのが、何とも恨めしい。
>
> （「辻健家文書」二五―h―二）

鳥取藩からの褒賞を受け取ったのは、これまでも見てきた金銭の不足を補うためのもので、それを受け取ることは本意ではなかった、というのである。そして、その理由は、「後々のことを頼みにくくなってしまった」からだという。

「後々のこと」とは、一体何を指しているのか。先に安塚の戦いの状況を示すために引用した辻彦六宛書簡の後半部分に、それを推測できる内容が記されていた。

（山国隊の活躍が各方面から評価されているのに触れて）隊員の中には、これを機に交代願を出してくれ、という者も多い。しかし、原・細木の両司令士からは江戸滞在中に、上官の命に背く者は罰する、と命じられている。私の方で交代の計画を立てるのは難しい。だから若代より交代願を出してもらいたい、と前の手紙でも伝えたのだ。京都より交代の御沙汰があれば、何の憚りもなく帰国できるであろう。

（「辻健家文書」一二五―f―八）

軍功を盾に取り「交代願」を出すことを求める隊員が多くいたのだという。前節で見た三月二八日付の水口市之進宛藤野斎書簡の内容を踏まえれば、この「交代願」とは禁裏御所警衛への交代、すなわち京都への帰還を願ったものであるのは間違いない。抜群の軍功をあげたのちの段階でもなお、藤野は京都帰還への道を模索していたのである。

以上の点から、先ほどの辻啓太郎宛書簡の「後々のことを頼みにくくなってしまった」という言葉の意味もわかるであろう。安塚の戦いでの活躍で山国隊の評価は高まり、褒賞まで受けた。しかし、それゆえに、ここで禁裏御所警衛への交代願など出せば、手柄の持ち逃げのようなイメージを周囲に与えかねない。命に背く者は罰するなどと主張する上官たちに京都への帰還意思を知られれば、どのような目に合わされるであろうか。これこそが、藤野が「後々のことを頼みにくくなってしまった」と考えた理由であった。安塚の戦いでの活躍が、かえって隊の京都帰還の道を狭めてしまったのである。

藤野の一時帰京　藤野が期待していた京都残留部隊による帰京周旋も、うまくいかなかった。若代四郎左衛門・水口市之進から閏四月一五日付で藤野に宛てて出された書簡には、次のように記されている。

京都でも色々と相談を重ねているが、現状では周旋はうまくいっていない。そろそろ諸藩へも出陣が命じられると思うので、その場合は最初に出陣した人々は帰陣になるものと願っている。

（「辻健家文書」四―三四九）

しかし、山国隊はその後も交代を命じられなかった。となると、出征を続けるための資金を工面してもらうしかないが、京都残留者たちによる金策は、依然として不調であった。もはや彼らだけに任せておくことはできない、そう考えた藤野は、親兵組との関係修復の問題もあり、一時帰京を決意した。参謀局より許可を得た藤野は、五月六日に江戸を出発、二六日早朝に京都に到着する。

山国隊、上野戦争と小田原藩攻めに参加　藤野が帰京して間もない五月一五日、旧幕臣が中心となって結成した彰義隊《しょうぎたい》と維新政府軍との間で戦闘が起こった（上野戦争）。山国隊はこの戦闘にも参加し、彰義隊が陣を構えていた上野山山上に一番乗りを果たす活躍を見せたという。藤野斎は書簡で、山国隊の活躍が京都中に知れ渡っている、と辻啓太郎に伝えている（「辻健家文書」二五―f―七）。その一方で、隊員の田中伍右衛門（有力百姓）が銃弾を受け戦死したほか、前田庄司・森脇市郎（ともに有力百姓）、それに組頭那波九郎左衛門、司令士細木元太郎の計四名が負傷するなど、隊の犠牲も大きかった。

一七日、山国隊は上野山の警備を命じられる。ところが二二日になって小田原藩攻め参戦の指令を受け、翌朝から長州、鳥取藩の兵およそ一〇〇〇人とともに出陣、二六日正午に小田原城下に到着した。その後、小田原藩側が恭順を申し入れてきたため、小田原藩攻めは戦闘が起こることなく終了する。隊はしばらく小田原に滞在したのち、六月五日に出発、八日に江戸へ帰着した。

隊員有志の東北出征と藤野の江戸帰還　小田原藩から帰着して間もない六月一八日、山国隊は新たに東北方面への出征を要請された。隊員たちは話し合いの末、有力百姓層を中心とした有志で参加することにした。二八日、隊員有志九名（うち有力百姓八名）は品川へ移動、翌日より船で平潟《ひらがた》（現茨城県北茨城市）に向けて出港した。

一方、金策と親兵組との話し合いのため京都に戻っていた藤野斎は、七月七日に江戸に帰還した。この時、有力百姓の者一名が藤野とともに江戸入りし、隊に加わった（これにより山国隊の総勢は戦死・戦病死者含め三五名となった）。翌八日、藤野は水口市之進・辻彦六の二人に書簡を送り、東北出征について伝えている。

河田先生は先月二八日に薩摩・長州・因幡（鳥取藩のこと）・備前・備後・筑前の六藩連合軍の参謀として奥州へ出張、山国隊からは九名の者が随伴した。（中略）私も残った隊員を連れて早々に出征したいと考えているが、持参した金は千葉重太郎氏[*2]からの借金の返済や隊員たちへの小遣いにあててしまい、尽きてしまった。既に充分な戦功をあげている山国隊が今回の出征に加わる必要はなかったはずであり、出征者に手紙を出して事情を問いただしているところである。この後どうなるかわからないので、毎度のことで恐縮であるが、送金をお願いしたい。

（「高室美博家文書」E―一―一七〜一九）

東北へ向かった九名を追って出征したいが、京都から持参した金はすでに借金の返済や隊員への小遣いにあててしまったため、それができないという。加えて藤野は、山国隊のこれまでの軍功からすれば、今回の出征要請に応じる必要はなかったはずだとして、出征隊員に事情を問いただす手紙を出したことも伝えている。なぜあえて隊を分断してまで東北へ出征したのか、帰還直後の藤野には理解できなかったのである。

藤野、平百姓隊員へ東北出征を説く　一部有志が東北へ出征した理由を推測できるのが、藤野が七月下旬頃に水口市之進に宛てて出した書簡の、次の記載である。

何分野兵であるため、わざわざ血判までして結束を高めたのだが、先日の大戦争で討死・負傷した者が多く出て以来すっかり怖気ついてしまい、「若干の勤王は果たしたのであるからもう暇を願い出てほしい」というのが大方の意見であった。なかには「約束が違う」、「だまされた」などと言い出す者までおり、説得に非常に苦労した。暇を願い出たところで、組頭をはじめとする方々は到底聞き入れてくれそうにもない。何しろ、一日の休みすらもらえないような状況なのだから、帰国など到底かなわぬことである。さらに功をあげ、名を高めてから帰国を願うしかないのだが、私一人の勲功を全員であげたものであるかのように主張する者まで出てくる始末で、ほとほとうんざりしてしまった。それでも、何とか最終的には一五名の者が奥羽への出征に同意してくれた。

（「高室美博家文書」E―一―二〇）

※なお、この後に、第六章で引用した、一月一〇日の小畠家での会合の内容を伝える記載が登場する。重複となるためここでは省略した

ここでいう「野兵」とは、右の部分に続く箇所の記載（第六章で引用した部分）から、平百姓隊員だと判断できる。その彼らが、安塚の戦いでの戦闘ですっかり怖気づいてしまい、暇を願い出る、

つまり京都への帰還を迫ってきたのだという。

藤野も、平百姓たちの訴えに動かされる部分はあったであろう。再三見てきた通り、資金不足から、藤野も本心では帰京を願っていたからである。しかし、仮に帰京願を出したところで、郷外出身の上官たちは認めてくれそうもない。ゆえに藤野は、さらに軍功をあげた上で帰国を願うしかないと考え、平百姓の隊員たちに東北出征を説いたのである。そして、有力百姓への引き上げと褒賞の均等分配を改めて保証することで（第六章参照）、何とか彼らから同意を取りつけたのであった。一部有志が東北に出征したのも、この藤野と同様の考えからだったのではないだろうか。

七月二七日、藤野は東北出征への参加を請願した。しかし、この願いは聞き届けられなかった。『征東日誌』の記載によれば、その理由は先に引用した書簡でいみじくも藤野自身が語っていたように、すでに山国隊は充分な軍功をあげている、というものであった。ただ、請願自体は評価されたようで、このの後東京（七月一七日に江戸から改称）残留隊は大総督府護衛を命じられている。

東北出征有志の帰還　一方、東北出征有志たちの動向である。彼らの主な任務は滞在地域の警備であり、戦闘には加わらなかった。七月中旬に磐城平藩《いわきだいら》を攻略した政府軍は、さらに北上して八月七日に相馬藩の中村城（現福島県相馬市）に入る。ここにしばらく滞在していたところ、九月一二日に河田左久馬より、東京へ帰還したい者は申し出るよう通達があった。出征有志たちは話し合いの末、三名だけを残して他の者は帰還するようにした。帰還者六名はその日のうちに出発し、二〇日に東京へ帰還する。

残った三名は、河田左久馬とともにさらに北上する。仙台藩は九月一五日に降伏し、一〇月一日に一行は仙台城に入城した。ところが、ここで仙台藩の処分法をめぐり河田が他の参謀らと対立し、一一日に仙台城を離れた。三名もこれに同行し、二一日に東京に帰着する。

4　京都への帰還

東北出征有志も東京へ戻り、山国隊は再び一隊に戻った。九月末から一一月の動向を見ていこう。

軍楽の練習を開始　九月下旬から一〇月初旬にかけて、山国隊は二名の少年鼓手を雇った。軍楽の練習、具体的には笛とスネアドラムの稽古に取り組みはじめたのである［奥中二〇一二］。隊に鼓手が加わったのは、これがはじめてではない（注1参照）。しかし、その時はあくまで戦闘調練のための雇用であり、今回のように軍楽稽古が目的ではなかった。なぜこの頃より軍楽の稽古をはじめたのか、直接的に示す史料はないが、隊の京都帰還が近いのを見越し、凱旋のための準備をはじめた、と考えるのが最も自然であろう。

京都帰還の話が出る　東北出征有志が東京に戻った直後の一〇月二三日、藤野は水口市之進に書簡を送り、次のように伝えた。

先の書簡でも触れたように、東北はすでに平定されたようである。仙台の処置にはもう少々時間がかかるようであるが、近いうちに片づくのは間違いなく、来月中旬までには鳥取藩の兵も東京を引き揚げる予定である。当隊もその頃には帰還となるように大総督府の方で取り計らってくれているので、来月中旬すぎには東京を出発できるであろう。

（「高室美博家文書」E—一—二七）

奥羽越列藩同盟のリーダーであった仙台藩が降伏したため、東北方面の戦況も維新政府軍の勝利がほぼ確定した。これにより鳥取藩は藩兵を引き揚げ、山国隊も京への帰還を許される見通しだという。

同日に若代四郎左衛門に宛てて出した書簡には、この頃の藤野の心情が率直に語られていた。

天皇は二八日（実は二七日）武州氷川神社へ参拝のためご発輦《はつれん》遊ばされ、ご帰府されて後、早速京都へご還幸なされるよう承っております。それにさきだって大総督宮が京都へ凱旋なさるので、その刻に供奉することになろうと、河田氏から話がありました。（中略）河田氏の話にもありますが、山国隊はすでに人がそろったので、このうえは一日も早い帰京をねがっています。（中略）私も放蕩柔弱をきわめてきましたが、身をあらため、規則が守られるように、那波君にも協力してもらってきました。しかし、このたびは帰京したいという愚考がさきにたって、これを抑制することができないようになってきました。自分でも意外の至りであります。

（仲村研『山国隊』中公文庫、一九九四年、二〇四頁）

※本史料の原物を現状では確認できないため、右の書から引用した。ただし、中略は吉岡によるものである

出征から一〇ヶ月、これまで山国隊を支えてきた藤野の胸中にも、望郷の念が抑えがたく湧き起っていたのである。

帰還のための金策に奔走　とはいえ、これまでの行程と同様、京都へ帰還するのにも一定の資金

が必要である。貯えのない山国隊は新たな借金をするほかなかったが、この頃の東京は維新政府が発行した紙幣(太政官札《だじょうかんさつ》)の信用不振から深刻な不景気に陥っており、借金するのも大変になっていた。

一一月四日、何とか河田左久馬から五〇両の借用に成功した藤野は、これを路用金として隊員たちに配分する。藤野自身は東京出発を延期し、さらなる資金の調達と、これまでの借金の清算に奔走することとした。翌五日、藤野を除いた隊員たちは、京都へ帰還する東征大総督有栖川宮熾仁《ありすがわのみやたるひと》親王《しんのう》の護衛役として東京を出発した。

藤野は、当時東京に滞在中であった鳥取藩京都留守居役の者を頼ろうとした。ところが、この役人は遊郭に入り浸り、藤野が面会を求めても取り合ってくれない。業を煮やした藤野は、一一月六日と八日に遊郭を直接訪れて直談判し、何とか借金の同意を取りつけた。藤野はその金で他所からの借金の清算を可能な限り行い、その日のうちに鳥取藩邸を出発、隊への合流を目指した。

不敬事件の発生　一〇日夜、東海道の三島《みしま》で藤野は一行に追いついた。ところが、藤野がいない間に、隊には重大な事件が起こっていた。前日の九日夜に滞在した小田原宿で、山国隊の隊員を含めた五人の者が、おそらく酒を飲んでいたのであろう、熾仁親王宿泊の旅館前で放歌乱舞したというのである。有栖川宮家は江戸初期に誕生した親王家であり、そしてこの時の当主である熾仁親王は、天皇からの委任を受けて東征大総督を務めていた。五人の振る舞いは不律であるとして、刑法官より取り調べを受けた。いわば一種の不敬事件である。

刑法官の役人から連絡を受けた那波九郎左衛門と他隊の隊長は、厳罰は避けられないと考え、刑を受ける前に罪を犯した隊員たちとともに切腹する意思を固めていた。これを知った藤野は直ちに彼らと面会し、敵兵でさえ降伏後は寛大な処置を受けているのに放歌乱舞程度で厳刑が科されるはずはない、と両者をなだめ、あとの処理を自分に任せるよう伝えた。藤野は河田左久馬にこの問題の処理を懇願し、河田も快諾する。結果、五名の者たちは謹慎処分ですむこととなった。那波にしろ藤野にしろ、気にしているのは刑罰の程度で、行為自体の倫理性は特に問題としていない。「不敬」が倫理面からも問われるようになる明治二〇年代以降の状況（第八章参照）とは、あきらかに異なる対応である。

表2　第一陣への祭祀料、賞典禄一覧

		人数	祭祀料	賞典禄	備考
出征戦死者		4	2両	8俵	
出征戦病死者		3	300疋	5俵	300疋は金3分
出征帰還者	参戦	26		6俵	
	不戦	2		3俵	
京都残留部隊		23		3両	

※祭祀料は永世、賞典禄は終身（一代限り）
※「不戦」は江戸到着以降の戦闘に参加できなかった者
『征東日誌』240～245頁を基に作成

京都への帰着　以後、特に目立った問題も起こらず、山国隊は一一月二五日に無事京都へ帰還した。一〇ヶ月あまりの出征の中で、山国隊からは四名の戦死者（行方不明による戦死扱いを含む）、そして紙幅の関係で触れられなかったが、高室重造・中西市太郎（ともに平百姓）という二名の戦病死者が出た。京都帰還後に北小路万之輔（有力百姓）も病死するので、最終的には三五名中の七名、実に五分の一近くの者がこの戦争で命を落としたことになる。

賞典禄を受ける　京都への帰還後、第一陣の隊員たちに祭祀料と賞典禄が授与された。その内訳は表2の通りである。

賞典禄について、隊員たちはそれが朝廷からではなく、鳥取藩からであるのが不満であった。朝廷からの下賜をより名誉なものと考えたからであろう。藤野らは賞典の辞退も検討したが、若代や那波に説得され、最終的にはそのまま受け取ることにした。

5　本章のまとめ

本章では第一陣・第二陣の二手に分かれた山国農兵隊の一八六八年（慶応四）一月一一日の出陣から、山国隊が関東・東北への出征を終えて京都に帰還する一一月までの動きを見てきた。最後に、本書のテーマである民衆と天皇という観点から、本章の内容をまとめておこう。

第一陣と第二陣の対立の意味　第一陣と第二陣の対立は、戊辰戦争への参加の方法をめぐり、鳥取藩へ付属するか、はたまた朝廷へ直属するかで、両者の意見が一致しなかったために生じたものであった。これは、一見すると直属を希望した第二陣の方が天皇への想いが強かったようにも見えるが、そうではない。対立の本質は、第一陣と第二陣のどちらが農兵隊全体のイニチアティブを握るのかをめぐる争いだったのではないか、と考える。

戊辰戦争戦死・戦病死者7名の碑（山国護国神社）

山国隊出征の実態　とはいえ、実際に出征してみると、現実は厳しかった。まず、山国隊の内部でも、有力百姓と平百姓とでは、出征への意気込みにズレがあった。藤野斎は、隊員相互の結束を高めるために大垣滞在中に血判の「盟書」を作成し、また小遣いを配るなどして、平百姓隊員を懐柔しようとする。しかし、食事以外は自費で出征していた山国隊にとってこの新たな出費の代償は大きく、八王子到着時に早くも資金が尽きてしまう。各方面から借金しても到底追いつかず、出発から一ヶ月少々で京都への帰還を願うようになっていた。

そのような山国隊であったが、四月下旬の安塚の戦いでの戦闘では抜群の軍功をあげた。だが、皮肉なことに、そのことが山国隊をさらなる窮地に追い込む。激しい戦闘を経験したために平百姓隊員の間には厭戦気分が広がり、帰京を迫る者まで出てくる。藤野も、資金不足から本心では帰京を願っていたが、軍功をあげた直後に帰京を願うようなことをすれば、周囲、特に郷外出身の上官たちから何を言われるかわからず、帰京を願い出ることができない。京都残留部隊による藩への働きかけに期待したものの、それもうまくいかなかった。結局、藤野や他の有力百姓隊員たちは、さらなる軍功をあげるしか帰京の道はないと考え、藤野は一度京都に戻って出征費用の工面に奔走し、また他の有力百姓たちは有志で東北まで出征するなどして、最終的には一一月まで出征を続けたのであった。

山国隊出征と「勤王」　こうして見ると、今日までその「勤王」を称えられ続けている山国隊も、出征した隊員たちの胸中には様々な葛藤があったのがわかる。そもそも、第六章で見た通り、農兵隊の結成自体も有力百姓たちの社会的地位の維持を目指してのものであった。山国隊が天皇を頂点に置いた維新政府軍の一員として戦ったのは紛れもない事実であるが、隊員たちからすれば、出征のために借金を重ねるのには抵抗があったし、また、仲間が戦死・戦病死するのを見れば、もうこれ以上戦いたくない、と思わざるを得ないのである。隊員たちにも家族がある以上、それは至極真っ当な思いであった。

では、一体なぜこうした山国隊隊員たちの葛藤は忘れ去られ、隊の出征は「勤王」という言葉で語られるようになるのであろうか。次章以降で、その理由を考えていこう。

＊1　これに伴い、三月二四日に隊に鼓手が一人加わった。二五日には河田より「魁《さきがけ》」の字を冠した黒毛陣笠を与えられている。

＊2　北辰一刀流の千葉道場の当主・千葉重太郎のこと。当時鳥取藩江戸屋敷御納戸役を務めていたため山国隊隊員と懇意となり、一部隊員は七月末に千葉道場に入門し稽古を受けるようになる。

八　揺れる明治の勤王観
——戊辰戦争後の山国農兵隊隊員たち——

一年以上におよぶ出征を終え、帰郷した山国農兵隊。社会的地位の維持という有力百姓たちの目的は、果たして実現したのであろうか。本章では、隊が帰郷した一八六九年から一九〇〇年頃までの有力百姓や農兵隊隊員たちの動向を追いながら、彼らの天皇観、勤王観のありようを探ってみたい。なお、本章以降で「山国隊」は、前章とは異なり、京都残留部隊を含めた第一陣全体を指す言葉として用いる。

1　山国隊隊員の苦悩

まずは、明治維新というものが隊員たちに与えた様々な衝撃を、彼らが出征中に作った借金の返済をめぐる動向を中心に見ていこう。

隊中規則の制定と薬師山招魂場の設立　山国隊は、帰郷後に解隊したわけではなかった。隊は依然として鳥取藩付属となっており、年のはじめには藩主へ年頭御礼を行うことなどが義務づけられていた(「山国隊軍楽保存会保管文書」【以下、「軍楽」と略す】一―三〇)。

帰郷後の山国隊がまず行ったのが、隊中規則の制定である。全一四条からなるその規則では、政府からの布告類の遵守、大垣で作成した「盟書」の趣旨徹底、月の六がつく日の調練実施、武器類の整備、隊員の隠居・死亡時の隊への申告義務などが定められた（「高室美博家文書」E—一—四一）。今後も出陣が想定されていたのである。

続いて、戦死・戦病死者の招魂祭が実施された。二月二五日、辻村の薬師山に設けられた招魂場で、戦死・戦病死者七名の招魂祭が実施される。この薬師山招魂場は、現在山国護国神社が鎮座している場所である。その後、祭祀は四月二二日（安塚の戦いの日）、五月一五日（上野戦争の日）、九月一〇日（山国神社大祭の日）の年三回実施されるようになった。

有力百姓としての地位維持のための活動　ところで、出征の方法をめぐり対立した有力百姓たちの関係は、その後どうなったのだろうか。結論からいえば、有力百姓としての社会的地位維持のため、再び行動をともにするようになっていた。

一八七〇年（明治三）一月、山国神社宮座の座衆（＝有力百姓）は社司拝任に関する取り決めを結び、拝任のための協力を約束した（「河原林文書」八六）。翌二月には、久美浜県（丹後国、丹波国、但馬国、播磨国、美作国の幕領・旗本領管轄のため一八六八年に設置された）役所へ新たに一三名の者の拝任を求める願書を提出する（「河原林文書」八八）。

有力百姓たちが社司拝任運動を再開したのはなぜか。七〇年四月、久美浜県役所に年頭御礼などの挨拶を定期的に行うことの許可を願った有力百姓たちは、その理由として「挨拶を行うことができれば有力百姓とその他の者たちとの区別もはっきりするので、以前のように村々の治まりもよくなるであろう」という点をあげていた(「河原林文書」九〇)。有力百姓と平百姓との格差維持が、農兵隊帰郷後も依然として重視されていたのである。

同年三月から四月にかけては、山国陵の管理を有力百姓に任せてくれるよう願う文書を久美浜県役所などに提出している(「河原林文書」八九、九二)。第六章で見た通り、有力百姓たちが社司拝任を目指したそもそものきっかけが、山国陵の管理を担う守戸に平百姓の者が就任したためであったから、これもまた平百姓との格差維持を狙っての動きと理解できよう。社司拝任運動の再開も、同じ動機に基づくものであったと見るべきである。

以上のように、有力百姓たちは自らの社会的地位の維持(=平百姓との格差維持)のため、帰郷早々から様々な出願を行った。しかし、これらの出願はいずれも許可されず、彼らの目論見は失敗に終わってしまう。

山国社の結成　失意の中にあった有力百姓たちに、さらなる困難が襲う。一八七一年(明治四)七月、政府がいわゆる廃藩置県を断行したことのあおりを受け、翌七二年一月に山国隊の鳥取藩付属が廃止されてしまったのである(「山国護国神社所蔵文書」【以下、「護国」と略す】A—二五)。これにより、山国隊を軍隊として存続させることもできなくなってしまった。

しかし、たとえ戦闘に出ることがなくなったとしても、招魂場を維持するための組織は必要であった。そのために結成されたのが、山国社である。山国社は、山国隊と親兵組(ただし、一部不参加)、それに農兵隊の帰郷後に隊への参加を希望した若干の者たちで組織された(「護国」A—四八)。親兵組が山国社に加わったのは、有力百姓間の対立が基本的には解消されていたことの結果であろう。

表3　出征による借金一覧(1873年9月時点)「護国」A-45を基に作成

	貸出人	借用金額	未返納額	備考
拝借金	久美浜県	2,000両	1,775両	利息月6朱
	鳥取藩 河田左久馬	996両	0	496両の未返納あるも、河田左久馬より返納無用の連絡
	合計	2,996両	1,775両	
借金	藤野斎	1,413両3歩	2,565両2歩24銭8毛	
	下・鳥居・塔・辻4ヶ村	430両		
	上野平左衛門	500両		
	隊員身内	397両2歩1朱		
	辻啓太郎ほか2名	440両		
	借金利息	1,710両42銭8厘3毛		
	合計	4,891両2歩24銭8毛	2,565両2歩24銭8毛	

未返納額合計	4,340両2歩24銭8毛

借金返済問題　山国隊が解散しても、隊が作った膨大な借金が消えるわけではない。その返済はどのように行われたのだろうか。

表3は、山国隊が出征中に作った借金の一覧である。総計で六一七七両もの借金があり、そこに個人・村名義で作った借金の利息が加わったから、鳥取藩からの借金返済が免除になったにもかかわらず、一八七三年(明治六)九月時点での未返済額は実に四三四〇両あまりに及んでいた。

個人・村名義で行った借金の返済時期が迫っていたため、やむを得ず山国隊隊員たちは、七三年九月に京都府(七二年一月に山国・黒田地域は京都府へ編入された)へ借金返済に関する歎願書を提出する。願書を京都府より受け取った大蔵省は、戊辰戦争で旧藩が抱えた負債は廃藩置県の際に政府が引き受けたにもかかわらず、大きな軍功のあった草莽の者が負債を抱え続けているのは不憫だとして、旧久美浜県からの拝借金については返済を免除した。

拝借金返済は免除されたが、個人・村名義の借金は依然として残された。そのような中、一八七四年(明治七)一一月、家禄《かろく》・賞典禄《しょうてんろく》の奉還に関する太政官布告が出される。布告では、一〇〇石以上の家禄・賞典禄を奉還した者には産業資本金を支給する、と定められていた。隊員たちは、これに応募すれば借金返済のためのまとまった金が手に入ると考え、翌七五年(明治八)七月、隊員五四名の賞典禄奉還を一括して申請した(「軍楽」一五)。

なお、この時、戦死・戦病死者の賞典禄は奉還されていない。遺族らの生活に配慮したからであるが、のちに見るように、このことがやがて新たな問題を生じさせるのである。

生活に苦しむ隊員たち　賞典禄奉還による資本金を用いても、借金のすべては返済できなかった。詳細は不明だが、残りの借金については隊員ごとに負担を割り当て、共同で返済にあたったようである。ただ、それによって全額の返済ができたかどうかは、定かでない。借金が返済されなかった場合、困るのは金を貸した者たちである。個人・村名義の借金は、その多くが地域の中から借り出したものであったから、返済の滞りは山国地域全体に大きな影響を及ぼした。

こうした状況の中で、やがて農兵隊の出征自体を非難するような風潮すら生まれてくる。次に見るのは、少しのちの一八七七年(明治一〇)二月、山国隊の隊員であった一人の者が山国社に行った歎願である。

歎願書

一、私は一昨年以来材木商売で大損失をし、生活に非常に苦労しております。戊辰戦争の際の借金について、ほかの方々はおおよそ処理できたようですが、私は先日帳消しのお願いをしたものの、ご採用いただけませんでした。もっとものことだと思います。とはいえ、親類や村の者たちには私が山国隊に参加したのが不満な者もあり、誰も支援してくれません。そこで隊の方々に改めてお願いを致します。
(所持地とその地価の説明省略)
右の田地三か所を一四〇円で買い入れてもらい、うち九〇円を私のもの、残り五〇円を隊からの借財の奉還金に宛ててもらい、それをもって帳消しにしてくれるようお願い致します。(中略)右の歎願を聞き届けて下さればありがたい次第です。また、聞き届けて下さった際には、残念ではありますが除隊を命じてくれるよう、合わせてお願い申し上げます。

(「辻健家文書」四―三四四)

歎願者は材木商売に失敗し、非常に困窮していた。ところが、親類や村の者たちは彼が山国隊に参加したのが不満で、何の援助もしてくれない。そこでやむを得ず彼は、所有地を山国社(隊とは山国社のこと)に買い取ってもらい、その代金の一部を社に納め、隊からの借金(隊員に割り当てられた借金であろう)を帳消しにしてくれるよう願ったのである。出征により生じた借金は、隊員たちを困窮させただけでなく、親類や村の住民同士の分裂をも生み出していたのであった。

秩禄処分と隊員の怒り　この歎願が提出された一八七七年は、西南戦争が起こった年であった。山国隊隊員有志はこの戦争への出征志願書を京都府知事宛に提出したが、聞き届けられなかった(「軍楽」一八)。七三年の徴兵令制定により、特定の者だけが武力を担う時代は終わったのである。

その象徴が、七六年(明治九)に断行された禄制廃止である。同年八月初旬に出された太政官布告により、家禄・賞典禄は金禄公債《きんろくこうさい》証書を発行した上で給付を打ち切ることが決定された。当然、山国隊の戦死・戦病死者遺族へ給付されてきた賞典禄も、その例外ではなかった。
農兵隊結成の目的はどうであれ、山国隊が費用の多くを自弁し、七名の犠牲者を出してまで天皇・朝廷のために戦ったのは、紛れもない事実である。その天皇の政府が、遺族に渡されていたわずかな賞典禄すら打ち切るというのだ。隊員たちは納得がいかず、怒りに震えた。
旧鳥取藩主の家令宛に提出された次の文書(写が掲載されている簿冊の作成年から、七九年頃に提出されたものと推測される)は、その怒りの程がよくあらわれている。あえて現代語訳せずに引用しよう。

先般来数回お尋ね申上げ候田中彦治郎ほか六名の者賞典金紛擾の義、今回御答書下され披見候処、右にて御処分済の義判然つかまつり、早速右の者共へ示視つかまつり候処、一同愕然《がくぜん》の至りに堪えず。禄制御変換とは申しながら、右七名の者はことごとく打ち死に候亡者の遺族にして、一家その親子を失い、滅家にも及ぶの衆もこれあり(中略)これにより御家政四分の一滅禄の制ひとたび出で候上は、今更百泣千訴《ひゃっきゅうせんそ》の及ばざる儀にはこれあるべきかは存じたてまつらず恐れ多きの至りに候へども、今後当地において勤王の者の絶えなんとするを歎ず。如何《いかん》となれば草莽微賤《そうもうびせん》の者といえども一命もって朝廷に奉役《ほうやく》す、何ぞ朝遇《ちょうぐう》のかくの如き厚からざるや。徴兵令の不行、又是等に萌芽するか、仰ぎ冀《こいねが》わくば死亡者に対し特別非常の御詮議《ごせんぎ》をもって少しく御仁恤《ごじんじゅつ》を加えられたく、ひとえに広大の御慈悲を仰ぐ。

(「護国」A―三九)

親や子を失った遺族は生活に苦しみ、家の存続が困難になっている者まで出ている。そうした中での賞典禄の減額(廃止)は、遺族や隊員たちからすれば天皇に見捨てられたに等しい処置であった。「今後当地において勤王の者の絶えなんとする」(今後当地で勤王の者は絶えるであろう)という言葉は、この時の彼らの偽らざる気持ちであったに違いない。

ここで使われている「勤王」という言葉は、われわれが今日一般的にイメージするような意味合いを持つ言葉としての「勤王」、すなわち行為する者の「無私」「無欲」が前提とされたその言葉とは、あきらかに異なっている。隊員たちの怒りは、天皇のために戦い死んでいった者たちへのその後の処遇が、あまりに冷淡なことへの不満から生じたものであるからである。もし天皇への勤めに対する「無私」「無欲」が前提とされていたならば、このような感情が湧き起こるはずもない。戊辰戦争から一〇年、隊員たちの天皇に対する意識は、いまだ近世のそれと強い連続性を保っていたのである。

2　士族編入活動

帰郷後の有力百姓たちは、自らの社会的地位の維持のために様々な出願を行ったものの、いずれも認められなかった。そうした中で彼らの目標は、属籍の変更、すなわち士族という「身分」への編入の一点へと絞られていく。本節では、この有力百姓たちを中心に行われた士族編入運動を検討することで、天皇や「勤王」という言葉をめぐる新たな動きについて見ていくことにしよう。

郷士の属籍問題の浮上　江戸時代の身分制度は、一八六八年六月に解体される。公卿・諸侯は新たに「華族」となり、武士は「士族」「卒」（「卒」は七二年一月に廃止）、それ以外の身分はすべて「平民」と定められた（ただし、被差別身分の人々が「平民同様」となったのは七一年八月）。しかし、一般に「士農工商」と表現される近世の身分制度であるが、その実態は多様かつ複雑で、いずれの属籍がふさわしいのか、よくわからない者が判定の過程で出てきた。

「郷士《ごうし》」という身分もまた、その一つであった。七二年二月、明治政府は郷士の属籍について、由緒の内容を基準に士族・平民の別を定めるよう指示する。政府はその由緒の審査を府県ごとに行わせ、由緒正しいと認められる者は士族に、そうでない者は平民にしようとしたのである。

ただ、この方法には大きな問題があった。何をもって「由緒正しい」と判断するのか、明確な基準など存在するはずもなく、その判断はすべて府県の裁量に委ねられたからである。とりわけ京都府下には郷士を自認する者が多数存在したため、同府が郷士の属籍判定を終えたのは、政府の最初の指示から実に八年あまりが経った、一八八〇年末のことであった［以上、吉岡二〇一一］。

有力百姓の由緒への判定　さて、山国の有力百姓たちである。七九年三月、彼らは幕末に対立していた黒田地域の有力百姓も含めた総計九五名で、自分たちの家柄を記した由緒書を京都府に提出した（「護国」う―三四）。その由緒書に対し、京都府が八〇年一一月に内務省に提出した文書の中で下した評価は、次のようなものであった。

右の九五名の者たちは、古文書は継続的に残っておらず、個々人の由緒もよくわからない。任官受領《ずりょう》した者も中にはいるが、これは山国郷に鎮座する神社の神職を務めたがゆえのもので、これらの者については明治六年に処置ずみである。ほかの者たちについては弘化年間の家筋取調記録にも「郷士」との記載はなく、「名主一統」とあるばかりである。この名主とは長百姓のようなもので、帯刀許可を受けていたかどうかはわからない。山国に住んでいるがゆえに

「山国郷士」と名乗っているだけのようにも見える。平安京遷都の際は材木を提供したとの由緒を主張し、維新の際には鳥取藩付属として出征し賞典をもらっているが、江戸時代の身分は前に述べた通りであり、由緒判然とは認めがたい。

（「公文録」明治一四年・第六七巻・明治一四年五月・内務省第八）

散々な言われようである。弘化年間の家筋取調記録というのがどのような文書であったかは不明であるが、筆者が確認した享保・寛保・延享・嘉永の帯刀人改めの際に提出した文書の写にはいずれも「郷士筋目」と記載されており（「辻健家文書」番号未定）、弘化年間の記録への評価も意図的に厳しくしたのではないか、と疑ってしまう（ただし、第六章で見たように、近世の有力百姓は帯刀を許可されていなかったので、いずれの主張も認められなかったと考えられる）。というのも、実は当時の京都府は、郷士の士族編入を原則認めない方針を取っていたのである［吉岡二〇一二］。

こうして、有力百姓たちの士族編入請願は、不許可に終わった。

請願を一旦休止する　有力百姓たちは再請願を行うためにその後も会合を重ねたが、八四年（明治一七）八月に至り、活動を一旦休止することに決めた。その理由を藤野斎は「名主士籍願立諸費記」と題された文書の末尾に「願意が徹底しないため、当分の間は斎の手元に預かることとし、再願は社中法則が確立するまで控える」と記している（「護国」う―三四）。「社中法則が確立するまで」という記載に注意したい。細かな経緯は不明だが、この頃になると士族編入請願は、有力百姓ではなく「社中」、すなわち山国社として取り組む道が模索されはじめていたのである。

先にも触れた通り、山国社は山国隊と親兵組、それに農兵隊帰郷後に山国隊への参加を希望した者たちからなる組織であった。有力百姓・平百姓という階層的な違いに加え、山国隊と親兵組、さらには出征の有無など、実に多様な出自・経歴の者たちが集まっていたのである。近世以前の由緒を強調する方法では、有力百姓以外の者たちは請願に参加できない。山国社を単位にすれば、黒田地域の有力百姓たちが請願に参加できなくなる。請願を一旦休止せざるを得なかったのは、請願の主体をどの層に定めるのか、この時点では判断できなかったためであろう。

一八九三年の再請願　士族編入請願が再開されたのは、大日本帝国憲法が制定され(一八八九年二月)、帝国議会も開設した(一八九〇年一一月)のちの、一八九三年(明治二六)であった。この年の六月一四日付の『日出新聞』に、幕末維新期に活躍しながらいまだ贈位・叙位されていない勤王家を取り調べるよう井上馨《かおる》内務大臣が訓令を発した、との記事が掲載される。この記事に触発された山国社社員は、同月中に請願委員一〇名を選出し、再び士族編入に向けて動き出す(「護国」A―八三、う―五三)。

請願委員が目指したのは、有力百姓だけではなく、平百姓も含めた山国社社員全員の士族編入であった。そのため、願書では有力百姓の由緒よりも、戊辰戦争への出征、という点が大きく強調される。草案作成過程で「親兵組」という隊名は願書から削除され、同隊の隊員は山国隊の隊員として記載されるようになった。賞典を受けていない親兵組隊員が山国隊隊員と区別されないようにするための処置であった(「護国」A―八三)。

山国隊隊員についても配慮がなされた。願書では、山国隊が出征部隊と京都残留部隊とに分かれたことについて、挙げた功労にこそ違いはあるものの、勤王の大義、天皇へ忠節を尽くそうとした点では同等である、と説明している(「軍楽」一四)。賞典禄の有無や禄高の違い。それらの差異を埋めるために持ち出されたのが、「勤王」という言葉であったことに注目したい。

請願への参加要求　ところが、八月になって、予想外の事態が生じた。山国村(明治一五年に山国本郷八ヶ村と枝郷の小塩村・初川村が合併し山国村となった)の字小塩(旧小塩村)、字比賀江(旧比賀江村)の住民を中心とする一三名の者が、士族編入請願への参加を求めてきたのである。自分たちは六八年一月一一日の出征式にこそ参加していなかったものの、二月中旬に親兵組に合流し、隊費その他の負担も行っていた、というのが彼らの主張であった(「護国」A―五〇)。

「河原林安左衛門日記」*1(安左衛門は小源太の異名)を見てみると、六八年二月の記事の中に、この願書の提出者の一部が親兵組への参加を願っていたのが確認できる。なぜ彼らのことがその後の記録に残らなかったのかは定かではないが(参加を願ったが認められなかった可能性も当然ある)、いずれにせよ、その主張は決して根拠のないものではなかったのである。山国社は最終的に彼らの要求を認め、請願に加えることとした。

士族編入請願、再び却下される　こうした予想外の事態もあって、結局、山国社が士族編入請願書を京都府に提出できたのは、その年の一二月のことであった。

今回の請願で山国社は、出願の仲立ちをする北桑田郡役所の役人から、士族編入にふさわしいとのお墨つきを受けた。また、鳥取池田家第一四代当主池田輝博《てるひろ》(実父は徳川慶喜)も副申書を作成し、山国社の士族編入活動を後押ししている(以上、「護国」A―五二)。しかし、翌九四年(明治二七)三月、請願却下の回答が届く。士族編入活動は、再び失敗に終わったのである。

なぜ請願は却下されたのか。北桑田郡役所庶務課から届いた文書には、次のように記されていた。

今回は請願を却下する、との指令があった。これは、勤王というだけでは士族編入は許可できないということであり、（中略）請願者たちの旧身分が確認できないために却下されたのである。

（「護国」A―五二）

郡役所としては京都府から届いた却下理由をそのまま伝えたにすぎないのであろうが、その内容は今回の請願の弱点を鋭く突いていた。繰り返しになるが、山国社社員の出自・階層に違いがあるため、今回の請願では有力百姓が近世以来主張している天皇・朝廷との由緒を強調することはできない。ゆえに彼らは、戊辰戦争への出征（＝勤王）を前面に押し出して再請願に臨んだのであるが、それだけでは士族編入の理由としては不十分、とされたのである。

この判定は、当時の内務省の方針とも深く関係していた。内務省側の見解によれば、先に触れた井上馨内務大臣の訓令は、勤王者の掘り起こしではなく、すでに贈位や叙位を受けている者と同程度の功労を持ちながら栄典から漏れてしまっている者の調査を命じたものであった。しかし、山国社がそうであったように、訓令の意図を誤解する者が多かったため、内務省は地方官に対し、申請を出してくる者への厳密な調査を要請していた［高田 二〇一二］。勤王だけでは士族編入の根拠とはならず、かつての身分なども重視されたのは、以上のような状況を背景に、審査基準自体が厳しく設定された結果だったのである。

請願再開と山国社の再編　しかし、山国社社員たちはあきらめなかった。一八九六年（明治二九）一〇月、社中有志で会合し、士族編入請願の再開と山国社の再編を決定した。両者は無関係ではなく、山国社再編は士族編入を実現させるためのものであった。同一二月に発表された再編山国社への入社条件は、①新組織に参加を希望する者は、旧社員・新社員ともに金一五円を納める、②新社員で士族編入請願への参加を希望する者はさらに一〇円を納める、以上二点であった（以上、「護国」A―八六）。出自・経歴（戊辰戦争への出征有無）は何ら問題とされず、金銭の支払いだけが条件とされたのである。

明治28年、時代祭行列に参加した山国隊隊員集合写真

この取り組みの前提になったと思われるのが、時代祭行列への山国隊の参列である。一八九五年（明治二八）、桓武天皇の平安京遷都千百年を祝う平安遷都千百年紀念祭が京都市街で開催された。時代祭は、その催しの一つとして同年一〇月に創始された祭祀で、平安京が遷都された延暦年間から明治維新までの風俗・文物を、仮装行列で再現した。山国隊は、南桑田郡・船井郡出身者が戊辰戦争時に結成した農兵隊・弓箭《きゅうせん》組とともにこの時代祭行列に参加した［平安神宮百年史編纂委員会　一九九七］。戊辰戦争から三〇年近くが経ち、その存在も忘れられつつあった山国隊が、再び世間の注目を集めることになったのである。

時代祭は一回限りの祭祀ではなく、翌年以降も継続開催された。山国隊も引き続き行列へ参加したが、その出費は決して少なくなく、山国社社員の中にも鬼籍に入る者が増えていたため（詳細は第九章参照のこと）、若い世代の入社を必要としていた。出征経験が条件とされなかったのは、以上の問題を解決するためであったと考えられよう。

請願再開への抗議　しかし、この条件では、金さえ出せば誰でも士族編入請願に参加できる、ということになってしまう。そのようなやり方に反発を抱く者も当然あった。

次の文書は、九六年一二月、士族編入活動再開に対し匿名で提出された抗議文である。藤野斎はこの文書をわざわざ筆写して残しており、請願委員たちに大きな衝撃を与えたものと想像される。

①士族請願義につき意見書　写

拝啓　先月来の山国社中委員会での議論により、一昨《ママ》年の請願の際にその筋へ提出した履歴をそのまま添付して士族編入の再請願を行うこととなった。にもかかわらず、ここへきて嘘だらけの履歴を付して請願を行おうとする動きが出はじめている。自分としては到底同意できない。その理由を以下に述べる。

②第一　戊辰戦争に出兵し、名誉の戦死を遂げた者の皇朝への忠誠を嘉《よみ》するために招魂場を築き、毎年勅使が派遣され官祭が執行されるという光栄を得た。＊2　このように充分な光輝を得ている中で、どうして士族編入などを望む必要があるのか。自分たちから政府に請願するというのは出兵当時の素志《そし》に悖《もと》るものであり、野心あるようにみなされるのは何とも嘆かわしいことである。

③第二　自身一己の位置を得るために履歴系図を装飾詐称して世間を欺くような行いは、天知・地知・人知・吾知の四知の神への良心が許さないところであり、断じて同意できない

第三　装飾詐称した履歴を万一政府が認めることがあっても、世間はそれを狡猾《こうかつ》な行いと見なし、非難されるのは確実である。どうしてそれを良しとするのか。
④第四　そもそも士族編入は、本村の治まりを目指してのものではなかったのか。とすれば、一名でも不同意の者があれば断念するのが当然にもかかわらず、目前のことに捉われて早々に出願しようするのは、本末が転倒している。
第五　森田幹氏が東上した際に一己の考えで内務秘書官に贈り物をしたのは請願委員の存在を⑤有名無実にするものであり、一同不満を感じている。
⑥以上は、小生が村内と社中に不和がないことを熱望するがゆえに一言したものである。貴君もまた社中と旧名主の地位維持を熱望するがゆえに今回の活動に及んだものと推察する。お互い国家を思う一心から意見書を提出したものであるので、採否は貴意に委ねたい。

明治二九年一二月　　　　某

（「護国」A―八二―三）

重要な論点が多く含まれているので、順を追ってみていこう。

まず、この抗議文を作成したのは誰なのか。傍線①・⑥の記載から、有力百姓で、かつ山国社社員であったのは間違いない。⑤を踏まえると、請願委員の一人である可能性も高いであろう。以上から、抗議文の作成者はこれまで山国社の活動の中核を担ってきた人物の一人であったと判断できる。

次に、抗議文の作成者は、どのような考えから請願に反対したのか、である。ヒントとなるのは、傍線④と⑥である。④では、士族編入請願がそもそもは村の治まりを目指した活動であり、また⑥ではより直接的に、社中と有力百姓の社会的地位の維持を企図した活動であった、と述べている。つまり、①からもわかる通り、この抗議文の作成者は、編入請願に当初から反対していたわけではなかったのである。

では、作成者はなぜ翻意したのか。傍線①の後半と③、そして⑥の記載から、その理由を推測できる。作成者は、平百姓の者、ならびに戊辰戦争に出征しなかった者が、士族編入請願に参加するのを嫌ったのである。有力百姓と平百姓、あるいは戊辰戦争へ出征した者とそうでない者とを区別しようとする意識が、抗議文の作成者の中には根強く残っていたのである。

請願の中止　抗議文は編入活動の現状を批判したものであり、請願自体に反対していたわけでは必ずしもなかった。しかし、抗議文は、作成者の意図を越え、請願活動そのものを否定する要素を多分に持っていた。傍線②の意見は、「勤王」をアピールすることで出自・経歴に関わりなく士族編入を実現させようとした二六年以来の請願活動の方針を、根本から否定するものだったのである。「勤王」とは見返りを求めない「無私」「無欲」の活動でなければならない、そのような意見が、士族編入を目論む社員たちに突きつけられたのである。

こののち、請願委員たちの間でどのような協議が行われたのかはわからない。ただ、最終的に士族編入の再々請願は中止され、山国社の再編だけが実施された(第九章参照)。明治初年から、その担い手を変化させながら何度となく行われてきた士族編入請願は、こうして実現を見ずに終焉したのである。

3　本章のまとめ

本章では農兵隊隊員たちの戊辰戦争後の動向を追いながら、彼らの天皇観、勤王観のありようを見てきた。最後に、本章の内容をまとめておこう。

戊辰戦争への出征により、有力百姓たちはその社会的地位を維持できたのか。答えは「否」であった。帰郷直後より有力百姓たちが行ってきた様々な請願はいずれも許可されず、一八七七年前後より開始された士族編入請願も失敗に終わった。編入請願自体が途中から山国社という単位で行われるようになったことに象徴的なように、明治維新は、中世以来維持されてきた有力百姓たちの地域社会内での特権的地位を解体したのである。

山国社は士族編入請願の中で、戊辰戦争への出征を、「勤王」と表現した。第九章で見るように、「勤王山国隊」というイメージが村の内外で定着するのは一九三〇年代であるが、ここに私たちは、山国隊の活動を「勤王」と表現した最初の段階を確認できるのである[*3]。

もっとも、この時期の「勤王」は、第九章で検討する一九三〇年代以降の「勤王」とは、その意味が大きく異なっていた。賞典禄返還問題で噴出した山国隊隊員たちの怒りは、天皇のために戦い死んでいった者たちに対する冷淡な処遇への不満から出たものであった。士族編入請願の際には、請願に名を連ねた者たちの出自や出征時の経歴の差異を覆い隠すために、「勤王」がことさらに強調された。天皇に対する行為にも対価があって当然である、というのが当時の山国隊隊員・山国社社員の考えなのであり、自らを省みず天皇のために尽くすことを本望とするような意識は、そこには見られない。この点、鮎販売という権益を守るために網役の維持を図っていた江戸時代の山国・黒田地域の有力百姓たちの考え方と、強い連続性があったといえよう。明治維新から三〇年を経ても、この地域の人々の天皇観に大きな変化は起こっていなかったのである。

とはいえ、こうした発想を前提に行われていた有力百姓や山国社社員の請願を明治政府が一切認めなかった、という事実が持つ意味を、決して見すごしてはならない。本章の後半で検討した一八九〇年代は、この地域の住民たちの天皇観がいまだ近世のそれと強い連続性を保っていた時期であると同時に、天皇のための行為に見返りなど求めてはならない、との発想が、社会の中に芽生えつつある時期でもあったのである。本章の最後で検討した士族編入請願に対する抗議文の中に、自分たちから政府に士族編入を請願するのは出征当時の志に反する、との意見が書かれていたことは(傍線②参照)、そのことを象徴的に示していたといえよう。

はたして、二〇世紀の山国地域の人々の天皇観・勤王観は、どのようなものになっていくのか。次章で検討しよう。

＊1　「河原林安左衛門日記」は、『社会科学』(同志社大学人文科学研究所、第三九、四〇、四四、四五号、一九八七～一九九〇年)にその全文が翻刻されている。

＊2　一八八二年(明治一五)七月より、招魂場の祭祀は官費で行われることとなった(「護国」D―b―二)。なお、これに伴い薬師山招魂場の名前は正式には「薬師山招魂社」となったと思われるが、残存する史料を見る限り、地域内ではその後も「招魂場」という呼称も併用されていたようである。

＊3　なお、藤野斎が『征東于役日誌』を編纂したのは、山国社が士族編入活動に取り組みはじめたこの一八九〇年代であった。同誌の編纂自体が、士族編入実現に向けての一つの取り組みであったといえる。

九　二〇世紀の民衆と天皇・国家

まずは、表4を見ていただきたい。この表は、山国隊出征部隊の隊員総勢三五名のうち、出征中に戦死・戦病死した七名、それに隊帰郷後に山国を離れ音信不通になってしまった一名を除いた二七名について、死去した時期を一〇年ごとに区切って一覧したものである。第八章で検討した明治三〇年前後までの時期に、すでに一四名、帰郷者の過半数が鬼籍に入っていたことがわかる。当然、時が下ると死亡者はさらに増え、昭和の時代を迎えることができたのはごくわずかであった。

戊辰戦争への出征者が世を去っていく――そのことは、山国隊に関する記憶の風化を人々の間に呼び起こす。戦死・戦病死者の祭祀執行のために設立された山国社も、従来の体制のままで存続させるのが難しくなっていく。さらに、大正期に起こったデモクラシー的思潮の村への流入、その反動ともいうべき昭和戦前期の精神主義の強調は、山国村の住民の天皇観にも大きな変化をもたらしていく。

表4　山国隊出征部隊隊員27名の死亡年代一覧

年代	人数	合計	備考
明治2年～明治11年(1869～1878)	4	4	
明治12年～明治21年(1879～1888)	6	10	
明治22年～明治31年(1889～1898)	4	14	
明治32年～明治41年(1899～1908)	5	19	藤野斎が明治36年に死去
明治42年～大正7年(1909～1918)	4	23	
大正8年～昭和3年(1919～1928)	3	26	
昭和4年～昭和13年(1929～1938)	1	27	最後の生存者が昭和5年に死去

「護国」A-34、35、B-f-7、D-b-2より作成

二〇世紀の山国村住民にとって、天皇とはいかなる存在であったのか。そして、山国隊をはじめとする、村の住民と天皇との関係についての歴史は、どのように語られていくのか。以下に見ていくこととしよう。

1　明治後期～大正期の山国社と山国村住民

まず、再編山国社の活動の実態を追いながら、明治後期から大正期にかけての村の住民の天皇観・国家観のありようについて見ていきたい。

山国社社則の制定　一八九七年(明治三〇)、再編山国社が始動した。同年から翌九八年頃にかけて出資金を募った山国社は、翌々年一一月の社員総会で社則を定めた(以下、社則については永井登『丹波山国隊誌』私家版、一九〇六年、による)。

社則によれば、再編山国社の目的は、薬師山招魂社(招魂場)の保存と繁栄であり(第一条)、そのための具体的な活動として、時代祭行列への参列(第一八条)と、毎年の招魂祭執行[*1](第一九条)の二点があげられていた。入退社には役員会の許可を必要とし(第九条)、社員証の売買(譲渡)が父子兄弟縁故者に限定されるなど(第五条)、出征者を中心とした閉じた組織であったのがわかる。

活動資金については、各社員が入社時に支払った金銭(一五円)の合計を基本金とし、それを銀行に預ける、あるいは個人に貸し付けて、その利子を社費および積立金にあてるという(第一五条・第一七条)。また、山国社には再編以前から所有する田地と山林があり、そこから取れる小作料や木材の売り上げも、社中の運営資金になった。このほか、社員からの「義捐金」「寄付金」も、社を運営していく上で貴重な財源であった(「護国」A—三五、九六ほか)。

活動の行き詰まり　しかし、再編山国社は、活動再開からほどなくして大きな困難に直面する。負債の蓄積である。

山国社は再編以前より負債を抱えており、その償却が課題となっていた。加えて、時代祭行列へ参列するのにも少なからぬ金銭を要したため、再編山国社は一九〇一年(明治三四)七月の時点で二〇〇円以上の負債を抱えていた(「護国」A—三五、B—f—二)。

負債の償却には、社員の団結が不可欠である。しかし、再編山国社は、社員の減少という問題にも直面していた。ここで再び表4を見ると、一八九九年(明治三二)から一九〇八年(明治四一)にかけて、新たに五名の者が世を去っている。そのうちの一人は、山国隊出征部隊の実質的なリーダーで、帰郷後も長きにわたり出征者たちの取りまとめ役を務めた藤野斎《いっき》であった。出征部隊隊員以外の社員でも、明治三〇年代から四〇年代にかけて死去した者が多い。一九三三年(昭和八)にまとめられた名簿によれば、出征部隊以外の社員で一八九七年から一九一二年(明治四五・大正元)の間に死去した者は、実に一五名にも及んでいた。名簿の記載は全部で一〇六名なので、歴代社員の実に二〇%近い人々が、この世紀転換期に世を去っていたことになる(「護国」B—f—七)。また、士族編入活動が中止となった影響か、再編直後にもかかわらず退社を希望する者、入社金・負債分担金を支払わない者なども出ていた(「護国」A—三五)。

時代祭行列への参列中止　こうした状況は、山国社の活動全体を停滞させる。それが最も顕著にあらわれたのが、毎年一〇月の時代祭行列への参列であった。

表5は、最初の時代祭行列が行われた一八九五年から、山国隊の参列が廃止となる一九一九年(大正八)までの期間の山国隊の参列有無をまとめたものである。一見してわかるように、参列開始から廃止までの二四年間、山国隊は毎年欠かさず時代祭行列に参列していたわけではなかった。資金の不足が、毎年の参列を困難にしていたのである。

参列による出費は、山国社の大きな悩みであった。九八年より平安講社(時代祭を主宰する平安神宮の氏子講社)から参列に対する補助金の支給がはじまると、山国社は毎年のように補助金の増額を

表5　山国隊の時代祭参列状況

年	参加	補助金	備考
1895(明治28)	○	不明	
1896(明治29)	×	—	大堰川大洪水のため不参
1897(明治30)	○	なし	弁当代として11円70銭支給される
1898(明治31)	○	50円	
1899(明治32)	○	75円	
1900(明治33)	○	100円	
1901(明治34)	○	100円	今後は4年ごとに参列することを山国社委員会で決議
1902(明治35)	×	—	
1903(明治36)	×	—	
1904(明治37)	×	—	
1905(明治38)	×	—	日露戦争を理由に参列見合わせ
1906(明治39)	○	200円	
1907(明治40)	○	200円	
1908(明治41)	×	—	
1909(明治42)	×	—	
1910(明治43)	○	200円	
1911(明治44)	○	200円	
1912(大正元)	明治天皇死去により時代祭中止		
1913(大正2)	×	—	装束破損のため不参
1914(大正3)	○	200円	京都市補助金により装束新調。以後、装束は神宮に保管
1915(大正4)	○	200円	
1916(大正5)	○	200円	
1917(大正6)	○	200円	
1918(大正7)	×	—	水害のため不参
1919(大正8)	×	—	時代祭終了後、平安講社より参列廃止の通達

「平安講社関係文書」(平安神宮蔵)第12, 23, 28, 30, 34, 35, 37, 42, 50, 54, 59, 62, 70, 73, 79, 84, 94, 99, 106, 110, 114, 120, 127号/「護国」B-f-2, お-7より作成

願い出た(「平安講社関係文書」第三〇、三四、三五号)。そのいずれもが認められたのは、平安講社の側も山国隊の参列を重視していたからである。しかし、それでも参列は次第に困難となり、遂に一九〇一年に至り、山国社は時代祭行列への参列を四年ごとにすると決定した(「護国」A―三五。ただし、表5を見ればわかるように、この決定は遵守されなかった)。

山国隊の参列が不定期になったため、平安講社は祭礼計画を見直さなければならなくなった。そして、一九一九年(大正八)、遂に平安講社は、山国隊の時代祭行列への参列廃止を決定する。山国社は参列継続を請願したが、聞き入れられることはなかった(「護国」お―七)。平安講社は山国隊に擬した維新勤王隊なる隊を独自に組織し、二一年(大正一〇)より時代祭行列に参列させる(『平安神宮百年史』)。

出征五〇年祭の開催　毎年の招魂祭執行も、資金のない山国社には大きな負担であった。しかし、社の創立自体が戦死・戦病死者の慰霊を目的にしたものであった以上、招魂祭を中止するわけにはいかない。山国社は所有する山林から採れる材木を販売し、その場を凌いだ(「護国」A―三五)。

そうした中で、一九一七年(大正六)五月、出征五〇年祭が開催された。大きな節目であるこの祭典に、山国社は京都府知事の参列を実現させるなどして、祭典の盛大化を図った(「護国」あ―三六―一)。

五〇年祭開催に先立ち、当時の山国社社長藤野卓爾《たくじ》(藤野斎子息)は、次のように発言している。

(前略)山国隊招魂社は、他より、例えば郡長の如きは独り山国内のもののみにあらず、広く北桑の山国隊なり、との感をもって迎えつつあることは諸君の御承知のことと存じます。なお広く京都府のものなりの意義より知事も参拝したることと存じます。いわんやただいま五〇年祭を行わんとする今日ですから、隊内の者はもちろん、隊外の者と共に永久にますます盛大に祭典を行い、先祖の霊を祭りたき希望を以て必ず山国隊は山国隊員(山国社社員のこと・吉岡注)なりと言うごとき抵触なる狭き感を廃し、将来は隊員外の者にも漸次同感を持たしめ、山国村の祭典たりとの感を持たしめたきものであります。(以下略)　(「護国」あ—三六—一)

京都府知事の参列について、北桑田郡長を引き合いに出しながら、山国隊の事績を京都府も重視してくれている証拠だとする。一九二三年(大正一二)発行の『京都府北桑田郡誌』を見ると、確かにこの時期、北桑田郡が山国隊の歴史を重視していたことがわかる[吉岡二〇〇九]。だが、郡が山国隊の歴史を重んじていたからといって、そうした考えが地域の住民にまで共有されていたとは限らない。藤野の発言の後半、すなわち戊辰戦争出征者の招魂祭を将来は山国村の祭典としていきたい、との言葉は、裏を返せば、当時の招魂祭が山国社社員以外の者には重視されていなかったことを示しているのである。*2

大正期山国村住民の天皇観・国家観　一体なぜ、この時期の山国村住民たちは、招魂社の祭祀を重視していなかったのであろうか。端的にいって、それは住民たちが、天皇とか国家といった存在について、さほどの関心を持っていなかったからであろう。ここで、一九一九年一月に創刊された『北桑時報』(京都府教育会北桑田郡部会事務所発行の郡報、京都府立総合資料館蔵マイクロフィルム版。以下、『時報』と略す)の記事から、当時の住民たちの天皇観・国家観を探ってみよう。

第一〇号(一二〇年九月二七日刊。本号は北桑時報協会蔵)所収の「山国村第二区より」(第二区は旧小塩・井戸・初川村の三村がある地区。小学校の名称を取り、養源《ようげん》地区と称されることが多い）という記事の中に、同年七月から八月頃にかけての地区のニュースとして、次の話が載っている。

> 一、去る一日（八月一日・吉岡注）平和克復《こくふく》祭を字小塩日吉神社に営む。供進使《きょうしんし》山国村長幣帛《へいはく》を奉り鳥居禰宜《ねぎ》祭祀を司り、養源校長そのほか字の人等夥多《かた》参拝す。式終りて社務所において神酒を頂きしに、談たまたま神社の統一に及びしが、因襲《いんしゅう》の久しき平日の祭祀はもちろん、今日の如き祭典にも唯其字《そのあざ》の人々のみなるは、国家的の祭典も人民の自由意志により随意に為し得らるゝものか、何か良案を講ずることを得ざるかと思はるとのことなりき

八月一日、日露戦争終結の平和克復祭が字小塩（旧小塩村）の氏神である日吉神社で開かれた。その祭典後の直会《なおらい》の場で、祭祀参加者が字小塩の住民ばかりであったことについて、国家的祭祀への参列を各人の自由意志に任せている影響ではないか、との意見が出され、その対処法を講じているうち、神社の統一にまで議論が及んだという。字ごとに神社があるから参列しない、という理解なのだろうが、はたしてそれが問題の本質だったのであろうか。

同じ「山国村第二区より」の中には、次のような記事もある。

> 一、吾明治天皇は世界の大帝なり。その維新の大業を始め、在位四五年の御治蹟については今も忘るべからざるべきに、此月三〇日（七月三〇日・吉岡注）八年の大祭に当たり、なお国旗を掲揚せざる者あり。敢《あえ》て世人の三省《さんせい》を得ん。

明治天皇崩御八年目の大祭の日に、国旗の掲揚を行わない家があったことに苦言を呈している。日露戦争終結を祝う祭典に参加せず、明治天皇命日にも国旗掲揚を行わない山国村の住民たち。

彼らは別に、戦争に反対していたり、天皇という存在を疎ましく思っていたわけではないであろう。要は、彼らが日々の生活を営んでいく上で、天皇や国家という存在について考えたり、勤王や敬神といった点を重視することに、特段の意義や必要性を感じていなかった、ということではないだろうか。大正期になると、木材価額の高騰による好景気の影響もあって、北桑田郡のような山村地域にもデモクラシー的な思潮が浸透しはじめた。この時期の『時報』には、青年会や処女会に属する若い世代の手による、参政権や収入増加の方法、都市への憧憬・反感、恋愛といった話題についての論考が、毎号のように掲載されている。デモクラシー思潮が広まった社会の中に生きる住民たちにとって、天皇や国家という存在は、決して否定的に捉えられるようなものでなくても、自らの人格や将来への不安といった悩みの前では、二次的・三次的な問題として後景に退けられていたのである。

『北桑時報』懸賞文芸「錦御旗風靡記」　デモクラシー思潮の浸透は、山国隊に対する見方にも影響を及ぼす。『時報』第五〇号(二四年六月一日刊。本号は北桑時報協会所蔵)には、発行五〇号を記念した懸賞文芸の結果と優秀作品、ならびにその講評が掲載されている。その中で、山国隊の出征を題材とした「錦御旗風靡記《にしきみはたふうびき》」という戯曲が、選外佳作に選出された。内容は、一八六八年二月一二日に山国隊の中から関東への出征部隊が編成される際、四名の隊員が出征部隊に選ばれるかどうかを議論しているシーンを描いたものである。作者が山国村の住民であるかどうかは定かでないが、当時の北桑地域の人々の、山国隊の歴史への向き合い方の一端を示すものである。

この作品の全体的な特徴は、隊の出征を勤王心の発露という形ではなく、出征者個々人の立身や名誉の問題として描いているところにある。出征者たちが関東への出陣について議論している場面では、次のような会話がなされている。

隊士の一「いや、それに徳川慶喜公が水戸に落ちてゐるから[*3]、ひどい戦争にならんて。」

隊士の三「戦争にならんて。困つたなア。」

隊士の四「やつぱり用ないのか。」

隊士の一「又、野良仕事か、戦争で敵の度胆抜いてやりたいが。」

隊士の四「度胆どこかい、素首抜いてやりていや。」

隊士の二「ハ、、、、おれもそや。」

隊士の一「あれつきりで（一月中旬の檜山までの行軍の事・吉岡注）、しまひなら男が立たんわい」

出征を野良仕事からの解放、男子としての名誉の問題として描いている。戯曲の最後は、右の引用で出征願望を最も率直に語っていた「隊士の一」の出征が無事決まり、同人の「有難いツ。あゝ男が立つたア。」とのセリフで結ばれる。戦争を都会、野良仕事を田舎と置き換えてみると、当時の若者たちの煩悶《はんもん》がそのままこの作品の中に投影されているようにも見える。

この「錦御旗風靡記」に対する講評は、次のようなものであった。

M（講評者のイニシャル・吉岡注）内容は豊富に盛られてあるが、その内容の劇化において単純すぎはしないか。かうした取材の中には、史実を更に人情化し、詩化する仮想的な所謂《いわゆる》劇的シーンをつくつてみる方が面白くはなからうか。幕末志士の間に多くの女性が活躍してゐることがいかに志士をいかせてゐるかを考へてみたい。

講評者は本作品の内容を史実の人情化・詩化が足りない、と評したのである。大正という時代を生きるこの講評者には、個人の立身や名誉というものを戯曲の題材に取り上げることが、ややありきたりに思えたのだろう。その上で、講評者が提案したのは、幕末志士の間で多くの女性が活躍していたのを参考にすること、つまり恋愛的な視角を導入して隊員の出征を描く、というものであった。

以上は文芸作品なので、書かれた内容はしょせん創作にすぎない、という意見もあるかもしれない。しかし、創作であるからこそ、当時の人々の興味関心や願望といったものが、顕著に反映されるのである。その意味で、山国隊を題材にした創作物が、勤王美談ではなく個人の解放や恋愛といったテーマを主題に描かれた／描かれようとしたことは、極めて大きな意味があるといわねばならない。そこでは、勤王という言葉の意味するところにズレが生じていた明治時代からさらに一歩進んで、勤王という価値観自体が、個人の解放を肯定・切望する世相の中で相対化されていたのである。

時代祭行列の保存法を考える　話を山国社の活動に戻そう。一九一九年を最後に廃止となった時代祭行列への参列に代わるイベントとして、翌二〇年九月、毎年四月二二日に行う招魂祭の際に山国隊の行列を出す計画が浮上する（「護国」あ―三六―一。なお、特に注記がない限り以下の記載も同様）。隊を披露する場がなければ、軍楽の保存や隊の事績の後世への継承にも支障が出る、そのように考えたのであろう。

しかし、この計画もまた、資金不足により実現できなかった。先述した出征五〇年祭の開催により、山国社の負債はさらに増えていた。同社は再び材木を販売し、さらには田地を売却してその償却に努めたが、それでも負債は残った。山国社の活動は、ここにきて完全に行き詰まってしまった。

この危機的な事態が、出征五〇年祭の際に表明された、招魂祭の村祭化計画実現に向けての動きを加速させる。一九二三年三月の山国社委員会で、①招魂祭の縮小、②社長・委員への手当の廃止、③招魂祭を日清・日露両戦争戦没者招魂祭と合併し村祭化する、以上の三点が決議された。日清・日露戦争戦没者の招魂社は、一九一二年三月、同村内の金比羅山(巻頭地図参照)上に設立された。戦没者が二つの場所に分けて祀られていたことに、当時の山国村内における薬師山招魂社の位置づけのほどがよくわかる。

翌二四年四月の委員会では、二四年の山国社招魂祭は中止し、村祭化実現に尽力することが決議される。その成果であろうか、翌二五年四月に行われた山国社招魂祭は、村の尚武義会と合同で執行した[*4]。村祭化の道を模索しながら、資金不足の中でも何とか祭祀を存続させたのである。

2 「勤王山国隊」の誕生—昭和戦前期の山国村—

前節では、山国社による招魂祭執行が困難になっていく状況を見た。ところが、昭和期に入ると、山国隊についての住民たちの認識には大きな変化が起こり、それに伴って招魂祭の担い手自体も代わることとなる。その様子と意味を、以下に見ていくこととしよう。

一九二〇年代山国村の経済状況　表6は、一九一八年(大正七)から一九三七年(昭和一二)の二〇年間にかけての山国村からの生産物の総価額を一覧したものである。山国地域は前近代より農業と林業の二つを基盤産業としてきたが、それは大正中期以降も変わっていない。ただ、農産物総価額

表6　1918年（大正7）～1937（昭和12）山国村生産物総価額

年	農産	林産	畜産	鉱産	水産	工産	合計	戸数割	備考
1918（大正7）	172,500	127,403	2,226	7,704	2,500	29,554	341,887	643	
1919（大正8）	187,362	227,879	10,887	4,500	2,819	57,168	490,615	932	
1920（大正9）	182,275	26,785	300	-	2,039	45,035	256,434	490	戦後恐慌
1921（大正10）	211,488	277,475	15,877	-	1,527	48,841	555,208	1,091	
1922（大正11）	175,336	172,570	15,995	-	1,348	51,620	416,869	813	
1923（大正12）	185,497	337,259	20,122	947	1,387	54,006	599,218	1,148	関東大震災
1924（大正13）	207,872	260,515	18,411	1,814	872	40,232	529,716	1,053	
1925（大正14）	176,702	287,336	9,093	991	4,505	42,169	520,796	1,025	北但大震災
1926（大正15）	192,223	279,111	28,153	263	7,737	45,461	553,048	1,106	
1927（昭和2）	171,955	136,787	30,213	1,011	5,266	39,382	384,614	780	
1928（昭和3）	161,312	245,870	35,779	1,073	5,758	35,760	485,552	1,003	昭和大典
1929（昭和4）	156,069	178,428	32,282	1,719	5,810	33,677	407,985	855	
1930（昭和5）	105,102	151,164	34,210	1,899	7,405	28,581	328,361	700	昭和恐慌
1931（昭和6）	93,625	144,759	35,839	4,163	5,485	28,052	311,923	664	満州事変
1932（昭和7）	123,327	66,984	34,430	8,139	4,623	26,476	263,979	548	
1933（昭和8）	122,874	119,743	28,732	20,098	4,882	27,196	323,525	659	
1934（昭和9）	130,392	125,333	24,625	12,334	4,724	32,735	330,143	695	
1935（昭和10）	160,214	192,402	26,614	15,033	2,950	40,027	437,240	936	
1936（昭和11）	158,575	147,974	16,233	4,109	4,453	41,900	373,244	804	
1937（昭和12）	150,807	129,578	22,718	1,880	3,469	40,401	348,853	757	日中戦争

『京都府統計書』大正7年～昭和12年版より作成　※単位はすべて円

が一八年から二六年にかけてはおおよそ一八万前後で推移していたのに対し、林産物の総価額は年ごとに振り幅があるものの、全体的には大きく上昇していた。これは、一九二〇年代に京都を含めた主要都市の大都市化が進行し、住宅建築資材の確保やインフラ整備のための木材需要が高まった結果であった。特に京都の都市部の場合、周辺に港がなかったことから、北海道や樺太、アメリカなどの地域から採れた木材の利用が難しく、都市周辺部産の木材に依存せざるを得なかった［山口二〇一〇］。こうした理由もあって山国村を含めた北桑田郡は、二〇年代前半、非常な好景気に沸いたのである。

ところが、一九二七年（昭和二）より、林産物総価額は急落する。表6の数字からは見えないが、その予兆は二六年段階であらわれていたようで、『時報』第七五号（二六年六月一日刊)には、昨年夏と比べ今春は木材価格が一割以上低下した、との記事がある。すぐ前に述べた京都の都市部への木材供給の構造からして、需要が停滞すればその影響が直ちに供給元である都市周辺部に出るのは必然であった。以後、日中戦争がはじまる三七年まで、山国村の経済状況が二〇年代前半の水準まで回復することはなかった。なお、二八年のみ林産物総価額が跳ね上がっているが、これは後述する昭和の大典《たいてん》実施の影響であろう。

精神主義が強要される　村の不景気が右に述べたような構造に基因するものである以上、不景気脱却のためにはその仕組み自体を変えていかなければならない。しかし、言うは易し、行うは難し、である。新たな事業に取り組むだけの資金がない場合、人々にできることといえば、忍耐や団結といった精神面の努力となる。かくして、大正から昭和へと元号が変わる頃より、地域社会と国家、あるいは、地域社会内の結束と協調を促すため、国旗掲揚や神社参拝などを強要する精神主義的な風潮が、急速に社会全体を覆っていく。

『時報』を発行する京都府教育会北桑田郡部会は、二七年頃より、祝祭日・国家的記念日に国旗掲揚を促すビラの作成・配布をはじめた(『時報』第一三四号、三一年六月一〇日刊)。国旗掲揚は、住民だけに求められたのではない。学校をはじめとする郡内各村の諸施設に国旗掲揚柱が建てられはじめたのも、この頃からである。地域の中でそれを担ったのは、各村に存在する青年団であった。

山国村では青年団による活動こそなかったが、村内有志で結成された「希望社」なる団体が、三〇年に国旗掲揚台を日清・日露戦争戦没者碑が立つ金比羅山上に建設した(『時報』第一二七号、三〇年一一月五日刊)。また、養源尋常小学校(小塩・井戸・初川地区の児童が通う小学校)には、二八年に大典奉祝《ほうしゅく》の一環として、国旗と掲揚柱が地区内の住民より寄贈されている（『時報』第一〇五号、二九年一月一日刊）。戦前の学校教育の現場で国旗掲揚が重視されるようになるのは農村経済更生運動（後述）が押し進められる三五年前後からであったとの指摘があるが〔森川 一九九二〕、山国村を含めた北桑田郡では、それよりやや早い時期に国旗掲揚が奨励されていたことになる。なお、『時報』第一四六号（三二年六月一日刊）には、同年四月二七日（靖国神社臨時大祭）、二九日（天長節）両日の郡内各村の国旗掲揚の統計が掲載されている。それによれば、山国村の協一（旧下・鳥居・辻・塔・中江・比賀江・大野・井戸村の地域。近世でいう本郷八ヶ村）／養源地区はそれぞれ二七日が八九・一五％／九八・一四％、二九日が九一・三三％／一〇〇％であった。一見すると高い数字にも見えるが、協一地区は郡内全体で三番目の低率であった。

氏神などの神社への参拝が強要されるようになるのも、この時期の特徴であった。山国村では、毎月一日の早朝に村の鎮守である山国神社に参拝する神前早天修養会《そうてんしゅうようかい》なる行事が二九年（昭和四）五月より行われるようになる（『時報』第一一〇号、同年六月一日刊）。この行事のその後の状況については不明な点が多いが、四〇年頃には興亜奉公日と接続し、青年団・女子青年団が中心となって開催されていた（『山国』＊5第一一八号、四一年一月一日刊）。

昭和の大典と用材献上　とはいえ、国旗掲揚や神社参拝は、この時期、全国的に強要されていたものである。山国村が特異だったのは、他の地域には真似のできない方法で、精神主義の一層の実践が図られたことである。そのきっかけは、一九二八年（昭和三）、昭和天皇の即位の大典であった。

大典に先立ち、開催地である京都の都市部周辺の村々に、用材の献上が指示された。北桑田郡では、山国村のほか、神吉村、黒田村、平屋村の三村にその指示が出された。三村から献上された用材は、それぞれ真竹一二〇本(神吉)、杉皮付丸太二一五本・杉皮二六〇〇間(黒田)、萩柴《はぎしば》五〇束(平屋)であった。これに対し、山国村から献上した用材は、表7の通り、その量は他村をはるかに凌駕していた。あまりに分量が多いため、山国村では同年の七月から九月の間、数度に分けて木材を京都市街へ運搬した(『時報』第一〇三号、二八年一一月一日刊)。

表7　山国村からの献上物一覧

献上物	数量
杉皮剥丸太	570 本
杉皮付丸太	1,108 本
松皮付丸太	139 本
杉皮	7,560 間
黒文字	20 束
萱	11,000 把

『時報』第 103 号(1928 年 11 月 1 日刊)より作成

この山国村からの用材献上に関して、『時報』第一〇二号(二八年一〇月一日刊)には、村からの通信として次のような記事が載っている。

八月一五日我が山国においては忘るゝ事の出来ない日であつた。御大典御使用の木材を全部上納した特《マヽ》に本日は最も壮大に府下随一の山国隊を先頭とし一〇台の馬車に積込み都大路を練り歩いた。沿道では、本物の山国隊を見物せんものと両側をとりまく途中府庁前に至り知事よりの挨拶を受けた。郷土においては午後九時より校庭で奉祝大踊を催した。

木材の献上を最後に行った八月一五日、山国隊がその木材を乗せた一〇台の馬車を率い、京都市街を練り歩いたというのである。このことは、『京都日出新聞』(現在の『京都新聞』の前身)同年八月一五日朝刊の一面に掲載されるなど(次頁参照)、大々的に報道された。

昭和戊辰年を記念して　この行列の少し前の八月三日から五日にかけて、山国社社員と村の住民有志との間で相談会が開かれ、山国隊行列と軍楽の保存のため、今後は山国村在郷軍人会分会[*6]と山

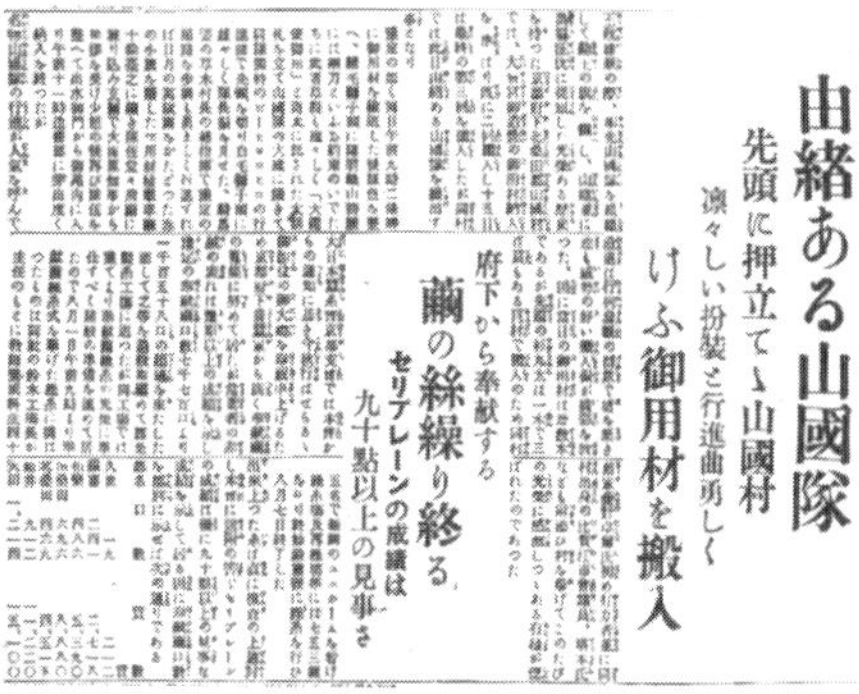
由緒ある山國隊
先頭に押立てゝ山國村
凛々しい扮装と行進曲勇しく
けふ御用材を搬入

府下から奉献する
繭の絲繰り終る
セリプレーンの成績は
九十點以上の見事さ

木材献上の際の山国隊行列についての新聞報道
出典：『京都日出新聞』1928年8月15日朝刊

国村青年会[*7]が協力していくことが決定された。村内の世代別の修養団体の協力を得て、懸案であった隊と楽隊の保存を図ったのである。木材献上の際に山国隊の行列が実施されたのも、山国社によるこうした取り組みの結果であった。

しかし、ではなぜ山国社は、行列の実施に再び意欲を燃やしたのであろうか。それは、この一九二八年という年が戊辰年であったためである。戊辰戦争が起こった年から干支が一回りしたこの年に、父や祖父の事績に想いを致し、改めてその事績や軍楽の保存について考えはじめたのではないだろうか。実は、山国社社員は京都市街行列を終えた翌日の八月一六日、平安神宮を訪れ、山国隊の時代祭行列への再参列について交渉を行っていた（「護国」あ—三六—一）。交渉自体は決裂してしまうが、財政難を押して時代祭への再参列を求めたことに、山国隊を再び世間に知らしめたい、という社員たちの強い思いが感じられる。

楽隊音楽のラジオ放送とレコードの発売　そのような社員たちの思いは、この時期に普及した二つの音声メディアにより、強烈に後押しされることとなる。

一つは、ラジオ放送である。日本のラジオ放送は、一九二五年（大正一四）に東京・大阪・名古屋で開始された。この時点では全国放送はできなかったが、昭和大典のために放送網を整備し、大典直前の一一月六日より全国放送を実現させた〔竹山二〇〇二〕。

山国隊の軍楽は、その全国放送が開始された直後のラジオで放送された。大典当日の一一月一〇日午前九時半より、山国隊楽隊による軍楽五曲が、藤野卓爾による維新軍楽の沿革の説明とともに全国に向けて発信されたのである(『京都日出新聞』一九二八年一一月一〇日朝刊)。

もう一つは、レコードである。一九二五年にアメリカで録音の容易な電気吹き込みの技術が開発され、翌二六年から日本でも実用化される。翌二七年には日本ポリドール、日本ビクター、日本コロムビアの三社が相ついで創立された〔倉田二〇〇六〕。二八年一〇月頃、大坂の日本ビクター社を訪れた山国社社員たちは、そこで「行進曲」「礼式」「隊歌」の三曲のレコーディングを実施、同一二月一日より販売が開始された(『時報』第一〇五号、二九年一月一日刊)〔奥中二〇一二〕。

「勤王山国隊」の誕生　山国隊の名が再び世間に轟いたことの影響は、村の住民たちの歴史意識に直ちにあらわれた。昭和大典以降の『時報』を見ると、山国村在住の通信員が執筆した村に関する記事の中に「勤王山国隊の血を受けてゐる」(第一一一号、二九年七月一日刊)、「維新勤王隊の発達地」(第一一九号、三〇年三月五日刊)といった言葉が目立つようになる。山国村の住民たちは、山国隊が再び世間の注目を集めたことをきっかけに、村や自分たちを「勤王」という言葉で形容するようになったのである。

そうした山国村住民たちの意識の変化は、一九三二年(昭和七)に創立六〇周年を記念して作られた協一尋常高等小学校の校歌の中に、象徴的にあらわれていた。

一、遠き御代《みよ》よりつぎつぎて　雲井の御所に縁《えに》深く　御杣《みそま》の民や主基《すき》の御田《みた》

又はかしこき御軍《みいくさ》の　　御《み》さきとなりてつかへつる　歴史栄《はえ》ある我里よ
（作詞能勢朝次[*8]　作曲近藤義次　協一尋常高等小学校校歌[*9]一番）

「御杣の民」は斧役、「主基の御田」は大嘗祭抜穂の儀、「かしこき御軍の御さきとなりて」は山国隊のことである。本書でこれまでに見てきた、斧役という由緒の真偽、そして抜穂の儀や山国隊にかかわった者たちの葛藤など、当時の山国村住民たちは知る由もなかった。「勤王」という形容は、そうした歴史の忘却を経てはじめて誕生したのである。

農村経済更生運動はじまる　山国村住民の歴史意識に大きな変化が起こる一方で、景気の方は一向に好転する気配はなかった。いや、それどころか、一九三〇年に昭和恐慌が起こると、全国の農村は壊滅的な状態に追い込まれてしまう。山国村も、その例外ではなかった。表6が示すように、それまで林産物に較べれば安定していた農産物総価額がこの年より急速に低下している。

この非常事態に対し、五・一五事件で倒れた犬養毅《いぬかいつよし》内閣の後継である斎藤実《まこと》内閣は、大規模な農村救済策の実施を決定した。最終的には四二年（昭和一七）まで継続されるこの救済策を、今日では一般に農村経済更生運動と呼んでいる。

経済更生運動では、それまで村政に関わることの少なかった小作層や、青年、女性も運動の担い手に位置づけられた。まさに村の全住民で不況対策に取り組む体制が整えられたわけだが、そのために精神面の革新（精神更生）が重視されたのが、この運動の大きな特徴だった。具体的には、①経済観念・勤労精神、②郷土意識、③「国民」精神（日本精神・敬神崇祖《けいしんすうそ》・公民的精神）、以上の三点を身につけることが要請された。それは、公共生活や地域の自治を担う人材を養成しようという意図も一面で持つものであったが、財政的な裏づけがないこの運動を推進していくために、国民に過剰な統制と精神主義を強要するものでもあった［大門 一九九四、森 一九九九］。

山国村の経済更生運動　山国村は、翌三三年に経済更生計画を立てた。七月に発表された「山国村経済更生計画書」（「高室美博家文書」H―一―一。以下、特に注記しない限り引用・参照は本史料による）によれば、計画の根本方針は「山国村の理想郷化」で、それを三〇年計画で実現させる、とする。

更生計画実施のため、村内に精神極興《きょっこう》、産業振興、経済改善、教化の四部が設置される。このうち、精神極興部の活動方針は、次のように定められた。

非常時に対処する自覚の念慮《ねんりょ》を向上促進せしむるため、特に皇室中心主義に重点を置き、予《かね》て敬神崇祖の美風を振作《しんさく》し、率《ひ》いて堅忍持久《けんにんじきゅう》の精神を助長し、以て協同一致周密《しゅうみつ》なる愛郷心の下に興村共栄《こうそんきょうえい》最後の目標たる理想郷の建設に一途邁進《まいしん》せんとす

非常時への対処法として、皇室中心主義と敬神崇祖をあげている。その実践を通じて住民に堅忍持久の精神を身につけさせ、理想郷の建設に邁進させようというのである。何ともわかりにくい話だが、要は、天皇を基軸とした精神主義でこの非常時を乗り越えていこう、ということである。精神主義の強要は昭和の改元前後の時期からはじまっていたことは先に見た通りであるが、それを村の方針として経済更生計画の中核に据えたところに、これまでとの大きな違いがあった。

皇室中心主義＝敬神崇祖を実施していく具体的な方法として、計画書では①八月一三日の光厳天皇命日は早朝より山国陵へ参拝する、②村で行われる種々の祭祀に必ず出席する、③毎月一日は各

字の氏神ないし寺院へ参拝する、④毎朝神仏を礼拝する、⑤諸会合時には必ず東方(宮城)遥拝を行う、⑥長上老幼を敬う、以上の六点をあげていた。②～⑥は他地域の更生計画にもよく見られたものだったが、①は山国村に固有のものである。

山国隊、村有となる　山国隊は、この更生計画の中に組み込まれていなかった。当時の隊は、依然として山国社による運営だったからである。しかし、皇室中心主義を表明する更生計画の中に、すでに村の名誉となっていた山国隊が位置づけられていないのは、むしろ奇妙ですらあった。かくして、懸案であった山国隊招魂祭の村祭化が、更生計画立案からほどなくして実現していく。

きっかけは、三三年八月一七日に開催された協一尋常高等小学校の同窓会であった。弁士として登壇した河原林樫一郎《ていいちろう》(山国隊出征部隊に参加した水口幸太郎子息)は、演説の中で山国社の村移管を訴えた。これを受けて、九月一日に山国社社員と村の代表者が協議し、山国社の村移管が決定した。当日の議事録によれば、移管の目的は山国隊の精神と歴史を村として継承し、すべての村民に勤王精神を涵養する、というものであった。このほか、軍楽を小学校児童や青年団員といった若い世代の者たちに伝授する、隊長・副隊長を村長・在郷軍人会分会長とすることなども決定される(以上、「護国」H—五五)。まさに村全体で山国隊の歴史を継承する体制が整えられたのである。*10

村の祭礼との結合　村への移管は、一一月三日の明治節に決定した。その少し前の一〇月一一日、移管を象徴するイベントが行われる。山国神社大祭の還御祭《かんぎょ》で、山国隊の行列が出されたのである。行列を担当したのは山国村在郷軍人分会で、その目的は、「山国隊の威風を永遠に保存し、あわせて会員の思想善導ならびに団体的訓練、特に未教育補充兵の執銃教練に資するを以て目的とす」というものであった(「護国」H―五五)。一九三三年といえば、関東軍の策謀で前年三月に建国された満洲国の承認をめぐる争いから、日本が国際連盟を脱退した年である。そうした時局を反映し、山国隊の行列にも軍事教練的な意味合いが加えられたのであった。この年に撮影されたと推測される還御祭での山国隊行列の映像を見ると、旭日旗を持った在郷軍人会の者が隊の先頭を歩いているのが確認できる(山国隊軍楽保存会所蔵『『山国隊』の記録映像」。映像の年代比定は『時報』第一六〇巻、三三年八月一日刊、の記事による)。外見上も軍事色が濃厚になっていたのである。

毎年四月二二日に行われていた招魂祭も、一九三四年(昭和九)より大きな変化があった。当日は午前九時より戊辰戦争出征者の招魂祭が行われたのち、青年団・在郷軍人会・小学校生徒を中心に編成された山国隊が、日清・日露戦争戦没者が祀られる金比羅山上に向けて行列を開始、到着後、両戦争の戦没者招魂祭が行われた(「護国」B―f―七)。戊辰戦争と日清・日露戦争の戦没者の招魂祭がそれぞれ別個に行われる状況が、この三四年をもって解消されたのである。

知名度を高める山国隊　こうして山国隊は、制度的にも村のものとなった。経済更生計画の中で皇室中心主義を掲げた山国村にとって、山国隊は精神更生の実行上、大いに活用できるものであった。以後、一九四五年(昭和二〇)八月の敗戦に至るまで、四月二二日の招魂祭と一〇月一一日の山国神社大祭(還御祭)を中心に、村内で行われる様々な行事の中で、山国隊行列や軍楽が行われるようになる。日中戦争が開始された一九三七年以降はその傾向が一層顕著となり、住民の応召の際は必ず山国隊軍楽で送迎するようになったという(「護国」H―五五)。なお、薬師山招魂社は三九年(昭和一四)四月一日付で薬師山護国神社と改称され、さらに五月一九日付で山国護国神社へと再改称された（「護国」H―五五）。

山国隊を活用したのは、村だけではなかった。外には戦争、内には経済危機という非常時に国民を対応させるため、政府は精神更生の必要をさらに強調するようになり、やがてそれは国民精神総動員という新たな国策へと発展していく。そうした中で山国隊は、国民による勤王の実践を象徴する存在として、様々なイベントに駆り出されるようになる。

表8は、山国社が村に移管された三三年から、四五年の敗戦に至るまでの間に、山国隊が村外に出張、あるいは映画やラジオ放送などに出演した例（A）、山国隊に関して村外の人物より照会・訪問された例（B）を一覧したものである。残存する史料の中から確認できたものにすぎないが、それでもAとB、それに山国隊ではなく山国村についての放送であるのでaとしたものを合わせると、合計で二一件もの事例があったのは注目に値しよう。

A・Bのうち、数が多いのはA（一二件）である。Aの中では、ラジオでの軍楽演奏（五件）、映画への出演（三件）が多い。一方、B（八件）の中には、ラジオや映画を視聴した者からの問い合わせが二件（三七年三月、四一年三月の事例）あった。先にも指摘した点であるが、ラジオや映画といった、二〇世紀になって普及した音声メディアが、山国隊の知名度向上に大きく寄与していたのがわかる。四〇年六月、東京劇場にて新国劇による演劇「明治山国隊」（八木隆一郎作・高田保演出）が上演されたのは［仲村 一九九四］、そうした知名度向上の一つの結果といえよう。

一連の出張依頼に対し、山国村の側はどのような態度で応じたのか。三三年の明治節奉祝ラジオ放送への出演を依頼された際、村は軍楽が山国隊の精神を伝えるためのものであるとして、娯楽放

表8　村移管後の山国隊村外出張・村外からの依頼など一覧

年	月	内容	分類	出典
1933（昭和8）	11	明治節奉祝のため桃山御陵に奉拝。宮内省や西園寺公望に称賛される	A	『時報』168
1934（昭和9）	3	京都太秦日活オールトーキー撮影隊来村し山国隊を撮影	A	『時報』169
	10	渋谷伊之彦陸軍中将、山国祭で行列を行う山国隊見学のため来村	B	『時報』175
	11	明治節奉祝のため桃山御陵・京都御所に奉拝。終了後、明治節奉祝のラジオ放送で軍楽演奏	A	「護国」B-f-7
1935（昭和10）	12	正仁親王誕生奉祝のラジオ放送で軍楽演奏	A	「護国」B-f-7
1936（昭和11）	1	山口県田布施町在住の勤王研究者・柳川文吉より山国隊の現状ほかについて照会	B	「護国」B-f-7
	6	京都日日新聞社主催（京都市協賛）の児玉本部隊凱旋祭で軍楽演奏	A	「護国」B-f-7
	11	大阪商工祭（大阪商工会議所主催）に、山国隊に擬した維新勤王隊が参列。山国村より指導者数名を派遣して軍楽指導を行う	B	「護国」B-f-7
1937（昭和12）	3	五箇条御誓文奉戴七〇周年記念のラジオ放送で軍楽演奏（14日）	A	「護国」B-f-7
		14日の放送を聞いた千葉県市川市在住の作家・久保綱より軍楽について照会の葉書到来	B	「護国」B-f-7
1938（昭和13）	4	映画製作のため山国隊楽隊装束・器具を映画製作のため借用したいとの依頼がある	B	「護国」H-55
	6	山口県田布施町在住の柳川春樹（36年1月の柳川文吉と同一人物か？）より、山国隊に関する書物・研究家・写真について照会	B	「護国」B-f-7
	10	尾佐竹猛の著書を読んだ東京府在住の作家・村雨退二郎より、山国隊に関する書物・装束ほかについて照会	B	「護国」B-f-7
1939（昭和14）	3	福知山市公会堂で行われた傷痍軍人慰問学芸会で山国隊軍楽を披露	A	『時報』228
1940（昭和15）	3	紀元二千六百年奉祝のラジオ放送で軍楽演奏	A	「護国」H-55
	4	文部省推薦紀元二千六百年奉祝映画「歴史」に出演	A	「護国」H-55
	11	「勤皇の村山国の新体制」とのタイトルで山国村について京都放送局よりラジオ放送される	a	『時報』248
1941（昭和16）	2	東宝映画文化部製作映画「山国村」封切（撮影は前年11月頃）	A	『時報』250
	3	東京府在住の太田静之助、映画「山国村」に感動し貯蓄債券を山国村へ寄付してくる	B	「護国」H-55
	5	皇后行啓記念のラジオ放送で軍楽演奏	A	「護国」H-55
1943（昭和18）	3	岡山合同新聞社の依頼により、同社主催戦場精神昂揚勤皇護国先覚者顕彰展覧会に山国隊関係資料を出品	A	「護国」B-f-7

送と誤解されるような番組構成にしないよう要請した（「護国」B—f—七）。国や県からの指導ではなく、村独自の判断でこのような要請を出したのである。個人の成功や恋愛といった視座から山国隊が描かれた大正期とは、隔世の感がある。

　では、これらのイベントを通じて世間へ広められた山国隊、あるいは山国村のイメージとは、どのようなものだったのだろうか。幸いにも四一年（昭和一六）二月に封切となった映画「山国村」のシナリオを古書店から入手することができたので、そこに記された山国隊像を見ていくこととしよう。同シナリオでは山国隊の戊辰戦争への出征を、次のように説明している。

　山陰では因州藩（鳥取藩・吉岡注）を除くほか、万石以上の録高を有する者が、かくの如く微々たる状態であったにもかゝはらず、山間の一農村から八三人を出した事は、山国村民が、如何《いか》に尊皇精神の旺盛であったかを物語るものである。

　その内三五だけが因州藩に属して、有栖川宮大総督宮の東山道軍に加り、残余の人々は京都に止って禁裏を守護し奉りながら実戦部隊の戦費を調達された。

　東征軍に加はつた人達は大垣城で盟約書に血判をしてますます決意の程を示し、陣の魁という文字をそのまゝ、至る所先鋒となって奮戦された。

　中でも野州の安塚といふ所では非常な苦戦を嘗められ、二人同志を失ひ、×《ママ》人の負傷者を出した。上野戦争では

　「山国隊第一番っ！」

　と叫んで山門に躍り込み一躍勇名の名を轟かされたのであるが、また五《ママ》人の壮烈な戦死者が出

来た。

（映画『山国村』シナリオ（吉岡所蔵））

右の内容から導き出される山国隊、あるいは山国村の住民に対するイメージとは、《勤王心にあふれる山国村の住民は、自らの命をも顧みず戊辰戦争を戦った》、というようなものとなろう。

本書では、吉岡が執筆を担当した第五章以降、「勤王」という言葉に込められた意味合いの変化について、折にふれ考えてきた。右のシナリオに描かれた「勤王」は、行為する者の「無私」「無欲」が前提となっている。この映画の監督を務めた下村健二は、映画の作成前にも山国村を訪れ、そこでの取材をもとにシナリオの作成に取りかかった（「護国」B―f―七）。シナリオの内容は下村の独断ではなく、村の意向も多分に反映されていた、と見るべきであろう。非常時への対応のために精神主義が強要され続けた結果、明治期以前とは大きく異なる勤王観が、山国村の住民たちの間に浸透したのである。

ところで、ここで注目したいのは、戊辰戦争での七名の戦死・戦病死者が、シナリオの中では「戦死者」と表記されている点である。これは、単なる誤植なのか。あるいは、何らかの理由があって、あえてそのように表記したのか。節を変え、右に見たような勤王観の定着が、戦時下の社会に何をもたらしたのかを検討してみたい。

3　勤王のゆくえ

とある出征兵士の死　新たな勤王観の定着が社会に何をもたらしたのかを考えるため、ここではとある出征兵士の死をめぐる山国村住民の動向について見ていきたい。

野尻嘉一は、一九一五年(大正四)九月に山国村の字大野(旧大野村)に生まれた。二三年四月に協一尋常高等小学校に入学、三〇年三月に高等科を卒業、翌四月より山国産業組合事務員として働きはじめた。仕事のかたわら、青年団員としての活動も活発であったようで、三五年一月には団の幹事に就任、五月には日本青年協会京都支部主催の青年指導講習会に参加している。

野尻は三五年五月に行われた徴兵検査に甲種合格、九月に園部で行われた抽選にも当選し、一二月一日に福知山歩兵第二〇連隊に入営した。同一三日に大阪湾から満洲へ向かい、一九日付で泰安《たいあん》鎮《ちん》歩兵第二〇連隊第二中隊に編入、同地の警備にあたった。

約半年の勤務を終えて、翌三六年五月一八日に内地帰還のため泰安鎮を出発、翌日に奉天《ほうてん》に到着したが、ここで胸の病を患い、奉天衛戍《えいじゅ》病院に入院。治療の甲斐なく、八月一二日に還らぬ人となった。階級は歩兵上等兵。アジア・太平洋戦争で山国村から出た初の死者であった(以上、山国護国神社編『さきがけ　祭神顕彰録』山国護国神社、一九七〇年。『山国』第五八号、三五年七月五日刊。同第六二号、三五年一一月一日刊。同第六四号、三六年一月一日刊)。

山国護国神社にある
野尻嘉一の碑(中央)

九月一八日朝、彼の遺骨は神戸港に到着した。列車に乗せられた遺骨は、午後六時半前に福知山駅に到着。連隊派遣の自動車に移された遺骨は、在郷軍人会、青年団、国防婦人会が詰めかけた沿道を進み、その日は駅近郊の寺院に安置された（以上、『山国』第七三号、三六年一〇月一日刊）。

翌一九日朝、将校集会所にて連隊主催の告別式が挙行される。『山国』第七三号は、その様子を「畏くも天皇・皇后両陛下祭粢料《さいしりょう》は燦《さん》として輝き」「参謀総長、陸軍大臣よりの御供物また尊く」と伝えた。二一歳という若さで亡くなった青年の死についての記事が、なぜこのような描写になるのか。それは、出征による死を、名誉なものと捉えているからにほかならない。天皇や国家のためには死をも厭わない、それこそがこの時期の民衆に求められた、天皇・国家へのあるべき態度なのである。

勤王のゆくえ　しかし、出征による死が、等しく同じ評価を与えられたかというと、そうではなかった。どのような最期であったのか、そのこともまた評価の基準とされたのである。

同じ『山国』第七三号に掲載された、「はざま・たつを」なる人物が野尻嘉一の死を受けて書いた小説を見ていこう。前書きによれば、作者の「はざま」は嘉一と懇意であったわけではなく、出征中の嘉一の様子や病状も知らなかったが、その訃報に胸打たれ、一気にこの小説を書き下ろしたのだという。それだけ、村から死者が出たことが衝撃だったのであろう。

話は、野尻嘉一に擬して「新一」と名づけられた主人公が、奉天衛戍病院に入院するところからはじまる。入院した新一と軍医正とのやりとりは、次のように描かれている。

でも最初院長××軍医正《ママ》から「なぜもつと早く病気であることを云はなかつたか」と問はれた時、「軍人として斃《たお》れて後止むと云う決心で辛抱をつゞけて参りました」と答へたが、この一言が軍医正を感激させて病気の割に優遇された。
新一は、体調の変化に気づきながらも、軍人としての任務を全うするため、それを言わなかったのだという。病気は伝染性のものであるかもしれず、新一の判断は軍隊という組織に属する者としてはむしろ批判されるべきものであるようにも思うが、軍医正が感激しているように、「はざま」はそれを称賛すべき行為として描いた。精神主義に重きを置く、当時の国民一般に浸透していた「あるべき軍人像」を、そこに読み取れるであろう。
新一の体調は、入院後も悪くなるばかりであった。やがて死を予感しはじめた新一の心情を、「はざま」は次のように描いている。

死！そのものは壮丁《そうてい》にかゝつた時からの覚悟であつた。それが入営して渡満する時、汽車に乗つて万歳の声を後に残して発つた時は、一そうその覚悟がはつきりした。しかし海を越へ、大陸満洲についた時には、今迄感じなかつた別な、そして新らしい覚悟が起つた。そうした覚悟の前に投げ出した体ではあつたが、それが病気のために死を思ふ時、新一は断腸の感が冷たい涙となつて瞼をぬらすのであつた。

（中略）

勇ましく敵弾に斃れたのではなく、病に斃れることの不覚、とり返しのつかぬ悔恨。これは畏れ多くも陛下には申し訳がないことであり、故郷の人々には済まない。親に先立つことは真実不幸なことである。新一の懊悩《おうのう》は昂奮をそゝり立てゝ身も世もない程である。

迫りくる死を前にした新一の無念の思いが書き連ねられている。その無念さが、死そのものではなく、病で命を終えようとしていることに由来している点に注目したい。なぜ病死は無念なのか。それは、病死では国に報いたことにはならず、天皇や故郷の人々に対して申し訳ないからだという。

ここで考えたいのは、第七章と第八章で見た、戊辰戦争の戦死・戦病死者との違いである。戊辰戦争の戦死・戦病死者への処遇は、遺族に与えられる賞典禄の多寡にこそ差はあったものの、隊員や山国社の人々の間では両者は何ら区別されず、薬師山招魂場の同じ場所に碑が立てられた。隊員たちが戦死・戦病死者への賞典禄打ち切りに対し「今後当地において勤王の者の絶えなんとする」と怒りをあらわにしたように（第八章参照）、戦死・戦病死者はいずれも同じ「勤王の者」として扱われていたのである。ところが、それから六〇年ほどの歳月が流れたこの一九三六年という段階では、敵に損害をどの程度与えたかがそのまま天皇や国家に対する貢献の指標とされ、戦いの中で死んだ者（戦死者）とそうではない者（病死者）とは、明確に区別されている。勤王は、それを果たそうとする者の意志ではなく、行為の結果だけから判断されるものとなったのである。戦死と戦病死を区別しようとする考えは、すでに日露戦争の時期に出された模範文集の中にも見られるが［原田二〇〇二］、右の事例は日露戦争期の段階から一歩進み、そうした考えが人々の意識の中にまで浸透していたことを示している。ここに私たちは、「無私」「無欲」が前提とされた「勤王」の、行き着く先を見て取ることができるのである。

以上の新一の心情は、あくまで作り話であり、それが新一のモデルである野尻嘉一の心情と同じであったかどうかはわからない。だが、少なくとも、この創作文の作者である「はざま・たつを」の天皇観・国家観が反映されていることだけは確かであろう。

遺族の「あるべき姿」が示すもの　こうした考え方は、村の住民たちにも共有されていたと見てよいのかどうか。同じ野尻嘉一の死をめぐる動向から考えていきたい。

次にとりあげるのは、嘉一の連隊告別式の様子を記した『山国』第七三号の記事である。福知山連隊の連隊長と嘉一の父親の重三郎とのやりとりを、記事は次のように伝えている。

午前十時前閉式と共に遺族始め一同貴賓室に通され、休憩の時土橋連隊長殿特に遺族重三郎氏を「お父さん此処《ここ》へ居らつしやい」と自ら傍に引き寄せ「一人息子を失はれ寔《まこと》にお気の毒でしたね。さぞお力落としでしょう、本当に御同情申し上げます」と繰り返されたに対し、重三郎氏曰く「勇ましく戦死してくれゝばよかつの《ママ》に病死だけが残念で、何とも申し訳がありません」と遺族を思う一念の連隊長しばし熱涙を拭《ぬぐ》い、遺族また悲憤の情を押し静むるごとく、集う一同皆感激の涙に誘るゝの一瞬真に劇的シーンを展開せしなりき。

嘉一の父・重三郎は、一人息子である嘉一の遺骨を前に、彼が戦死ではなく病死であることを連隊長に詫びた。「はざま・たつを」が小説の中で記した新一の心情と同じ対応である。こうした発想が「はざま」個人ではなく、嘉一の遺族も共有していたことを示す事例であろう。「はざま」と遺族が同様の発想をもっていた事実から考えると、病死を戦死よりも劣ると見なす発想は、村の住民にも広く共有されていたと見てよいのではないだろうか。

もう一つ注目したい点がある。それは、連隊長をはじめとしたその場に居合わせた人々が、重三郎の言葉に思わず涙を流し、取材にあたった『山国』の記者もまた、重三郎をはじめとする遺族たちの「悲憤の情を押し静むる」様子を感じ取っていた点である。この事実は、重三郎の発言が悲しみを押し殺してのものであり、遺族たちの本心ではないことを、その場にいた誰もが承知していたことを示している。彼らは、重三郎の発言そのものではなく、一人息子を失い悲しみに暮れている中で、それでも病死という事態に対する遺族としてのあるべき振る舞いを取ろうとする重三郎の姿に、思わず涙を流したのだ。記者がどれほどの意図を持ってこの言葉を使ったのかはわからないが、出征中の病死に対する遺族としてのあるべき姿を演じ切ったという点で、それはまぎれもなく「劇的シーン」だったのである。

葛藤・違和感を秘めながら　筆者は、以上に見た遺族としてのあるべき姿や振る舞いといったものは、先に指摘した、この時期特有の勤王観が浸透する中で広まっていったものと考えている。ただし、それは文字通りの意味での振る舞い方、「勤王」のためのパフォーマンスの定着を示すものであり、住民たちが自然な感情の発露としてそのような行動を取ったとは思わない。むしろ住民たちは、自らの意志や本音を隠しながら、様々な場面で強いられる皇国臣民、戦没者遺族、あるいは銃後の者としてのあるべき姿を、懸命に演じ続けていた、というのが実態なのではないだろうか。

一つの例をあげよう。三五年から三六年にかけて、山国村の養源地区では、養源尋常小学校への御真影《ごしんえい》下賜を求める運動が展開されていた。勤王の村としてすでに名を馳せていた山国村内の小学校に、この時期になってもいまだ御真影が下賜されていなかった事実も興味深いが、それはさておき、御真影下賜を申請する上で必要となるのは、それを収容・保管する場所の確保であった。養源地区では、御真影下賜の申請が検討されはじめた当初より奉安殿建設について議論され、三六年はじめには、寄付によりその費用を集めることで話がまとまる(『時報』第一九一号、三六年三月一日刊)。

同年七月六日に地鎮祭が行われ(『時報』第一九六号、三六年八月一日刊)、一〇月初旬に竣工、同一二日に落成式が行われた(『時報』第一九九号、三六年一一月一日刊)。一〇月二七日、無事御真影は下賜され、養源地区では拝戴式《はいたいしき》を盛大に開催した(『時報』第二〇一号、三七年一月一日刊)。奉安殿竣工前後には卒業生から校旗や国旗掲揚柱の寄贈がなされるなど(『時報』第一九九号)、御真影下賜は一貫して歓迎ムードの中で行われたかのように見える。

しかし、別の史料を見ると、やや異なる側面が見えてくる。次に見るのは、『山国』第六七号(三六年四月一日刊)に掲載された記事である。

村の申合せを破つて葬式に供養品を出したのは甚不都合とあつて、奉安殿建設資金の寄付に少からぬ割増を課せられた人たちがあると聞く。

自分の負担を出し渋って窮余の一策を案出した長者もさるものながら、みすく〵五十金を罰金として提供した人々の何と柔順なることよ、卿等の股間に果して一物ありやと云ひたくなる

葬式で供養品を出した者に、その罰(供養品を出すことは、経済更生運動で強調された生活改善(節約)の目標に違反していた)として寄付の割増が命じられたのである。「窮余の一策」と述べられているあたり、それまでの応募状況が好調とは言いがたいものであったのだろう。日中戦争直前の時期の、しかも勤王で名を馳せていた山国村であっても、奉安殿建設への寄付を出し渋る人が少なからず存在していたのである。

住民たちが寄付に積極的ではなかった背景には、当然、景気の問題もあったに違いない。しかし、問題の本質は、もっと別のところにあったのではないか。それは、一連の出来事に対して『山国』

の記者が、寄付の割増を命じた者を非難するのは当然として、それに応じてしまった者たちに対して、より批判的な意見を述べているところに垣間見える。記者がいささかどぎつい表現を用いながら批判しているのが、葬式に供養品を出した点ではなく、寄付の割増要請に応じてしまった点であることに着目したい。つまり、『山国』の記者は、生活改善の目標が守られなかった点ではなく、はたまた寄付の集まりが悪い点や、一種の罰という形で寄付の割増が強要された点でもなく、そのような要求に応じてしまった者たちの軟弱さを批判しているのである。そこには、長きにわたり強要され続ける精神主義に対する息苦しさ、「私」を捨てて天皇や国家のために貢献するよう求められることへの戸惑いが、苛立ちとなってあらわれているように思えてならない。一見したところ率先して天皇を基軸とした精神主義に順応していったように見える山国村の住民たちも、その内面では様々な葛藤や違和感を抱えていたのである。

だが、そうした葛藤や違和感を、残された史料の中から見出すことはむずかしい。先のような記事が『山国』に載っていたのは、それが北桑田郡という単位で発行されていた『時報』とは異なり、村内に向けて発行される閉じたメディアだったからではないか。しかし、三七年の日中戦争開始後、近衛文麿《このえふみまろ》内閣により国民精神総動員運動が展開されるようになると、村の中のメディアにおいてすら、そうした感情を表明するのは難しくなっていった。

かくして山国村の住民たちは、葛藤や違和感を自らの胸の内に抱え込んだまま、外見上は戦時体制を支える皇国臣民として、戦線・銃後を問わず、それぞれのあるべき姿を懸命に演じていくようになるのである。

4　本章のまとめ

本章では、山国隊に対する認識の変化に焦点をあてながら、明治後期から昭和戦前期にかけての山国村住民の天皇観・国家観を追いかけてきた。

明治後期から大正期にかけて、山国社の活動は衰退の一途をたどった。一八九五年にはじまった時代祭行列への参列は一九一九年に廃止され、毎年四月二二日に行う戊辰戦争戦死・戦病死者への招魂祭も、自力での執行が次第に困難となり、村祭化の方法が模索されるようになった。大正期に入り、デモクラシー的思潮の影響を受けた山国村住民たちは、個人に関する問題の解決に意を注ぐようになり、天皇や国家といった存在が、特段意識されることはなかった。

昭和期に入ると、そうした風潮は一掃される。不況や戦時体制に国民を対応させるため、精神主義が国策として強要される。山国隊は、そうした精神主義的な文脈から捉え返され、昭和の大典の頃より世間の注目を集めるようになった。こうした状況の中で、山国村住民たちの山国隊への認識にも変化が起こり、三三年に隊は村有化される。住民たちは、自らの村や先祖の歴史を「勤王」という言葉で形容するようになっていく。「勤王山国隊」、あるいは「勤王の村」山国村というイメージは、一九三〇年代以降の時代状況の中で作り出されたのである。

「勤王」という言葉が、行為する者の「無私」「無欲」を前提とした意味合いで用いられるようになるのも、この頃からであった。その結果、「勤王」であるかどうかの基準は、それを果たそうとする者の意志ではなく、行為の結果だけで判断されるようになる。戦病死よりも戦死を尊ぶ風潮が社会に浸透し、襲いかかる困難や不幸を前にしても、本心は表に出さず、皇国臣民・戦没者遺族・銃後の者としてのあるべき姿を演じることが人々に求められた。山国村の住民たちもまた、そうした状況に葛藤や違和感を覚えながら、しかし表立ってはそれを表明できずに、各々に課せられた役割を懸命に演じ続けたのである。

最後に、住民たちが感じていた葛藤・違和感について一言しておきたい。明治維新から六〇年以上が経ち、「大日本帝国ハ万世一系ノ天皇之ヲ統治ス」（帝国憲法第一条）という国家と天皇の関係は、もはや疑うことの許されない社会の常識となっていた。確固たる主義や信仰を持つか、あるいは、自己の生命が脅かされるような事態でも起こらない限り、あえてその常識に疑問を呈する者はいない。山国村が経済更生計画の中で皇室中心主義を唱え、住民たちが村や自分たちを「勤王」という言葉で形容するようになったのは、その常識を前提に、村や自分たちのアイデンティティの再構築を図ったものにほかならない。

しかし、戦争により、事態は一変した。天皇や国家に対し「無私」「無欲」の奉仕を強要する、異常な時代がはじまった。「万世一系ノ天皇」という常識が、人々の生命を脅かしはじめた。山国村住民が抱いた葛藤・違和感とは、そのような事態に対する、精一杯の抵抗にほかならなかった。

住民たちは、「万世一系ノ天皇」という常識を、相対化することはできなかった。戦争に反対することもできなかった。息子や知人の死を悲しみながら、その息子や知人が出征した地で別の多くの悲しみを生み出していた事実に気付くことのできた者が、どれだけいたであろうか。しかし、異常な時代に対し住民たちが決して無抵抗ではなかったという事実は、村の歴史として記憶されるべきものであると考える。

最後に、戦後の山国村と山国隊について簡単に述べておこう。

一九四六年（昭和二一）一月、占領軍による銃刀器類の供出が山国地域で行われた。これにより山国村は、山国隊行列を行う際に用いていた銃器のすべてを失う。招魂祭を村祭として執行するのも禁じられ、山国護国神社は四七年中に「山国郷社」へと改名させられた。

村からは、アジア・太平洋戦争で一四二名もの戦死・戦病死者を出した。彼らの、そして戊辰戦争、日清戦争、日露戦争の三つの戦争の戦没者の慰霊を引き続き実施していくため、一九四九年（昭和二四）五月、山国郷社崇敬講社が結成される。ここにはじめて、明治維新以降に村から出た戦没者が一つの社に合祀されたのである。

一九五二年（昭和二七）四月二八日、サンフランシスコ平和条約が発効され、沖縄・小笠原諸島を除いて日本の占領は終了する。これを受け、山国郷社は同年七月までに名称を「山国護国神社」へと戻した。護国神社は現在まで存続し、四月二二日の招魂祭も毎年執行され続けている（以上、「護国」H―一〇、五五）。

軍楽保存の問題が再び議論されるようになるのも、占領終了前後の時期からであった。一九五一年（昭和二六）、山国村青年団副会長南康夫と山国小学校代用教員藤野清美が中心となって軍楽の練習を再開、同年一〇月の山国神社大祭（還御祭）で、山国隊行列を復活させた。それから三〇年以上が経った一九八四年(昭和五九)二月、山国隊軍楽保存会が組織される。これにより、軍楽を地域として継承していく体制が整えられた。

時代が平成に変わると、地域の中での山国隊の位置づけにも新たな動きが起こった。一九九六年(平成八)、山国神社大祭は従来の一〇月一〇日、一一日の両日開催から、一〇月第二日曜日の単日開催へと変更された。この変更に先立ち、山国神社大祭を地域活性化のためのイベントに昇華させようとの意見が浮上し、八月中旬、そのイベントが「山国さきがけフェスタ」と命名された。「さきがけ」という言葉は、山国隊が出征中被っていた陣笠に記された「魁」の文字から取ったものであった[以上、吉岡二〇〇九]。山国隊は、再び地域の名誉として位置づけられたのである。

＊1　なお、当初は四月二二日、五月一五日、九月一〇日の年三回執行されていた招魂祭は、一八八四年(明治一七)に一一月一五日の年一回へと変更され、さらに一九〇三年より日程が四月二二日へと再変更された(「護国」A—三五、D—b—二)。

＊2　社員以外の村の住民の招魂祭への関わりとしては、山国村協一尋常高等小学校の生徒による断続的な参列があったが(「護国」A—三五、あ—三六—一ほか)、それが生徒たちの自主性によるものではなかったのはいうまでもない。

＊3　徳川慶喜の水戸退去が実際に行われたのは一八六八年四月の江戸開城以降であり、この記載は事実とは異なる。

＊4　尚武義会とは、徴兵検査に合格し入営した青年を援助するために町村に設置された軍事擁護組織で、町村の名望家・資産家により構成されたものが多かった。その背景には、徴兵制の実態が下層

の若者に集中してしまっていることを踏まえ、彼らを慰撫してその不満を抑えようとの意図があったという［藤井 二〇〇九］。

＊5 『山国』は一九二三年七月より村報として隔月で発行された。二五年一一月より青年会が発行を引き受けるようになり、三五年八月より隔月から毎月発行へと変更された（『山国』第五九号、三五年八月一日刊）。現在のところ、鳥居等家と日本青年館に所蔵されているのが確認できているが、欠号も多い。今後の発見が待たれる。

＊6 山国村在郷軍人会分会は、帝国在郷軍人会の設立に合わせて一九一〇年（明治四三）一一月に設立された。

＊7 山国村青年会は、一九〇八年（明治四一）一〇月に当時の協一尋常高等小学校校長永井登の尽力で組織された報徳維風会なる組織に起源をもつ団体で、一六年（大正五）一月に組織名を山国村青年会と改めた［協一尋常高等小学校 一九三五］。なお、同組織が青年会から青年団へと改称するのは二九年である（『時報』第一〇六号、二九年二月一日刊）。

＊8 能勢朝次（一八九四〜一九五五）は山国村の字中江（旧中江村）出身の国文学者・能楽研究者で、当時東京高等師範学校の教授を務めていた（『能勢朝次著作集』第一巻、思文閣出版、一九八五年）。

＊9 なお、この歌は山国小学校（戦後に協一尋常高等小学校から名称変更）が隣接区の黒田小学校と合併し、京北第二小学校となる直前の二〇〇七年（平成一九）三月まで校歌として使用された。

＊10 明治天皇誕生日。一九二七年に祝日となる。現在の文化の日はこの明治節が改称されたもの。

おわりに

本書では、山国・黒田地域の住民と天皇の歴史的な関係性の実態、住民たちの歴史意識や由緒書の中に描かれる天皇像の変化を、中世後期から近代まで、全九章にわたって見てきた。細かい内容については、特に繰り返さない。ここでは、全体を通じた論点を、三点ほどあげておきたい。

① 民衆にとっての天皇

第一の論点は、民衆にとって天皇とは何であったのか、という点である。山国・黒田地域の住民にとって天皇は、本書で見てきた中世後期から近代までのおよそ四〇〇年の間、一貫して重要な存在であった。ただし、その重要さは、中世後期から近世までと近代とでは、そして、近代の中でも明治・大正と昭和戦前期とでは、大きく異なっていた。

中世後期から明治維新までの間、山国・黒田地域の住民たちは、自分たちの地域社会内での地位やそれに伴う権益を守ろうとする時、あるいは、新たな身分や権益を得ようとする時に、天皇との由緒を、虚実を問わず好んで持ち出した。この場合、社会的地位の維持や権益の獲得に一定の効果を持つという前提があってはじめて天皇は住民たちの中で存在意義を持ったのであり、天皇個々人の能力や威厳・威徳といったものは、何ら関係していない。たとえ天皇・朝廷からの要請であっても、自分たちにとって不利益になるもの（本書の中でいえば、大嘗祭抜穂の儀への奉仕など）については容易には応じようとしなかったのは、当時の彼らの天皇観の実態をよく示している、といえる。

明治維新が起こり、天皇は禁裏御料という特定地域の領主から、日本全国の統治者へと変化した。しかし、住民たちは、国家の側から発信される天皇像、あるいは、天皇と国民のあるべき関係を、そのままの形で受け入れたわけではなかった。彼らは士族への編入、自我の解放などの様々な願望を持つ中で、時に天皇との由緒を強調し、また時に天皇を他の関心事の後景へと退けた。近代に入ってもなおしばらくの間、住民たちは新たな天皇像を自己の権益や願望に合致する範囲で受容していたにすぎなかったのである。

だが、景気が大きく後退し、日本の対外侵略に拍車がかかる昭和期になると、天皇はあらゆる価値観を超越した存在として、国民の前に聳立《しょうりつ》してくる。山国村の住民たちは、自己の権益や願望を押さえ込まなければならない状況に息苦しさを感じながら、しかしその不満を表立って表明はできずに、天皇や国家のためにすべてを投げ打つ、あるべき皇国臣民像を必死に演じ続けたのである。

② 創られる歴史

第二の論点は、山国・黒田地域の住民たちが、先祖代々継承される家が成立した中世後期以降、天皇との関係についての歴史意識や由緒書を、彼らをとりまく社会関係の変化に応じて創出・更新し続けた点である。第三章で検討した「山国荘名主家由緒書」、第四章で検討した「西家永代書留」、

第八章・第九章で検討した山国隊の出征に関する歴史意識の変化などは、内容こそ違えども、すべてそうした取り組みの結果であった。

ただし、本書が強調したいのは、天皇に関する歴史意識や由緒書の真偽ではない。それらがのちの時代に及ぼした作用の方である。後世の山国・黒田地域の住民たちは、先祖が創りあげた由緒書の内容をそのまま事実として信じ、自分たちの置かれた境遇を、少しでも由緒書のそれに近づけるべく、努力を重ねた。そして、その結果、由緒書の内容に沿った、あるいはまったく新しい天皇との関係を取り結ぶ、といった事態が生じたのである。戊辰戦争における農兵隊の出征(山国隊の東征)は、その最たるものであった。創出された歴史が事実と認識され、そしてその認識が新たな事実を創出する——「勤王山国隊」、あるいは「勤王の村」山国村という現在まで続く山国地域に関するイメージは、そのようなサイクルの積み重ねの結果であったといえるだろう。

③天皇はなぜ社会に浸透・定着したか

第三の論点は、なぜ天皇は日本の民間社会へ浸透・定着したのか、という点である。

民衆と天皇の関係についての歴史を検討した本書の中に、天皇個人の行動や意志についての話は、実は一度も出てこない。これは、至極当然のことであるのだが、その当然のことを、ここではあえて強調したい。本書で検討してきた民衆と天皇の関係についての歴史とは、要するに天皇個人はまったくあずかり知らぬところで展開された、民衆の側からの天皇に対する一方的な働きかけの歴史なのである。

その働きかけが、何をもたらしたのか。山国・黒田地域の住民たちは、自らの地位や権益を維持・獲得するために、直接には見聞きしたことのない天皇との、歴史的なつながりを主張した。それは、天皇を自らの地位や権益のために利用したことにほかならなかったが、同時に、その行為は、住民たちの生活に関わりのある存在として天皇を意識するようになる、重大な契機ともなった。民衆の生活とは無縁な存在であった天皇が、利用という民衆たちの狡知溢れる行為によって、かえってその存在意義を増していく。それはまさに、歴史の逆説であった。

天皇の地位の継続・昇華は、決して天皇自身や時の政治権力者たちによる民衆教化の結果だけからもたらされたのではない。自らの生活のため、天皇を利用しようとした民衆たちの営為が、期せずして天皇の社会への浸透・定着を促したという事実を、我々は重く受け止めるべきである。

参考文献

秋山國三「近世山国の領主支配と貢租」（同志社大学人文科学研究所編『林業村落の史的研究』ミネルヴァ書房、一九六七年所収）
網野善彦『中世の非農業民と天皇』（網野善彦著作集、第七巻、岩波書店、二〇〇八年。初出は一九八四年）
網野善彦『中世の民衆像』（網野善彦著作集、第八巻、岩波書店、二〇〇九年。初出は一九八〇年）
飯沼賢司「「村人」の一生」（日本村落史講座編集委員会編『日本村落史講座』第六巻、雄山閣出版、一九九一年）
上田長生『幕末維新期の陵墓と社会』（思文閣出版、二〇一二年）
大門正克『近代日本と農村社会』（日本経済評論社、一九九四年）
大藤　修『日本人の姓・苗字・名前』（吉川弘文館、二〇一二年）
岡野友彦「修理職領から禁裏領へ」（坂田編二〇〇九年所収）
奥中康人『幕末鼓笛隊―土着化する西洋音楽―』（大阪大学出版会、二〇一二年）
奥野高廣『皇室御経済史の研究』（国書刊行会、一九八二年、初出は一九四一年）
鍛治宏介「江戸時代中期の陵墓と社会―享保期陵墓政策の展開」（『日本史研究』五二一号、二〇〇六年）
岸本美緒「東アジア・東南アジア伝統社会の形成」（『岩波講座世界歴史』第一三巻、一九九八年）
岸本美緒「現代歴史学と「伝統社会」形成論」（『歴史学研究』七四二号、二〇〇〇年）
協一尋常高等小学校編『山国読本』（協一尋常高等小学校、一九三五年）
倉田喜弘『日本レコード文化史』（岩波現代文庫、二〇〇六年。初出は一九七九年）
坂田　聡『日本中世の氏・家・村』（校倉書房、一九九七年）
坂田　聡「戦国期土豪の婚姻と相続」（坂田二〇一一年所収、初出は二〇〇三年）
坂田　聡『苗字と名前の歴史』（吉川弘文館、二〇〇六年）
坂田聡編『禁裏領山国荘』（高志書院、二〇〇九年）
坂田　聡『家と村社会の成立』（高志書院、二〇一一年）

桜井英治「三つの修理職」（『遥かなる中世』八号、一九八七年）
塩川伸明『民族とネイション』（岩波新書、二〇〇八年）
柴崎啓太「宇津氏の動向と鳥居家文書」（坂田編二〇〇九年所収）
薗部寿樹『日本の村と宮座』（高志書院選書、二〇一〇年）
高田祐介「明治維新『志士』像の形成と歴史意識―明治二五・二六年靖国合祀・贈位・叙位遺漏者問題をめぐって―」（『歴史学部論集』二号、二〇一二年）
髙橋雅人「近世村連合の歴史的変遷」（坂田編二〇〇九年所収）
竹田聴洲『近世村落の社寺と神仏習合』（竹田聴洲著作集、第四巻、国書刊行会、一九九七年。初出は一九七二年）
竹田聴洲『村落同族祭祀の研究』（竹田聴洲著作集、第五巻、国書刊行会、一九九六年。初出は一九七七年）
武部敏夫「元文度大嘗会の再興について」（『大正大学大学院研究論集』一〇号、一九八六年）
竹山昭子『ラジオの時代』（世界思想社、二〇〇二年）
豊田　武『苗字の歴史』（中公新書、一九七一年）
仲村　研「山国農兵隊成立前史」（藤野斎著／仲村研・宇佐美英機編『征東日誌―丹波山国農兵隊日誌―』国書刊行会、一九八〇年所収。「山国五社明神宮座の解体過程―山国農兵隊成立前史―」（『社会科学』九号、一九六八年の再録））
仲村　研『山国隊』（中公文庫、一九九四年。学生社、一九六八年の再版）
仲村　研「丹波国山国荘の名体制」（同著『荘園支配構造の研究』吉川弘文館、一九七八年所収、初出は一九六七年）
西尾正仁「近世村落成立期における家伝承の研究」（兵庫教育大学大学院・修士論文、私家版、一九九六年）
西尾正仁「丹波国山国郷の名主家伝承」（兵庫教育大学史朋会編『史学論集』二〇一三年）
野村和正「山国荘の貢納と「御湯殿上日記」」（坂田編二〇〇九年所収）
原田敬一『国民軍の神話』（吉川弘文館、二〇〇一年）
藤井忠俊『在郷軍人会』（岩波書店、二〇〇九年）
福井款彦「丹波国山国元文三年『大嘗会木寄帳』について」（『神道史研究』第三四巻第三号、一九八六年）
平安神宮百年史編纂委員会編『平安神宮百年史』（平安神宮、一九九七年）

保谷　徹『戦争の日本史18　戊辰戦争』（吉川弘文館、二〇〇七年）
洞　富雄『庶民家族の歴史像』（校倉書房、一九六六年）
前嶋　敏「名主家の寺庵と常照寺」（坂田編二〇〇九年所収）
峰岸純夫「永禄九年の山国荘」（坂田編二〇〇九年所収）
宮嶋博史「東アジア小農社会の形成」（宮嶋他編『長期社会変動』（アジアから考える第六巻）東京大学出版会、一九九四年）
森　武麿『戦時日本農村社会の研究』（東京大学出版会、一九九九年）
森川輝紀「天皇制教育と儀式の位相―日の丸と学校儀式をめぐって―」（『歴史学研究』第六二〇号、一九九一年）
山口明日香「近代日本の木材市場」（KEIO UNIVERSITY MARKET QUALITY RESEARCH PROJECT (A 21st Century Center of Excellence Project) KUMQRP DISCUSSION PAPER SERIES。URL: http://www.gcoe-econbus.keio.ac.jp/pdf/dp/DP2007-031.pdf）
山崎　圭「近世の名主仲間と鮎漁・網株・鮎献上」（坂田編二〇〇九年所収）
吉岡　拓「近現代における山国隊像の変遷―山国近現代史研究のプロローグとして―」（坂田編二〇〇九年所収）
吉岡　拓『十九世紀民衆の歴史意識・由緒と天皇』（校倉書房、二〇一一年）

あとがき

　私たち二人が知り合ったのは、今から七～八年ほど前のことになる。当時、中世史を専門とする坂田は、宮座と同族をめぐるテーマで日本学術振興会の科学研究費補助金（科研費）を得て、本書のフィールドである山国荘地域の史料調査を手がけていたが、ちょうどその頃、京都の市街地や洛北大原をフィールドに、近世・近代における民衆と天皇の関係についての研究を進めていた吉岡は、博士論文に結実するこれらの地域の事例研究に一段落をつけると、新たな研究フィールドとして山国荘地域を選び、坂田を中心とする史料調査のチーム（山国荘調査団）のメンバー入りを希望してきた。

　これは、中世や近世の史料のみならず、近代の史料まで含めて、山国荘関係の史料調査を進めたいと考えていた坂田にとっても、願ってもない申し出であり、こうして、それ以後今日に至るまで、吉岡は山国荘調査団の無くてはならない重要メンバーとして、同地の史料調査の一翼を担うこととなった。

　二〇〇七年の秋、吉岡の加入で意を強くした坂田は、改めて山国荘地域をフィールドにとり、民衆と天皇の関係を研究テーマに据えて科研費を申請した。幸い、それが採択されたことによって、二〇〇八年の四月から四年間、新たな研究テーマのもとで、山国荘地域の史料調査を継続できることになったが、このような中、科研費による史料調査の成果を著書として公にする必要があるのではないかとの意見が調査団の中に広まり、ここに、坂田と吉岡の共著の形で本書を執筆する運びとなった。

こういった経緯からもおわかりいただけるように、本書の内容は、一九九五年以来、足掛け二〇年近くに及ぶ山国荘調査団による史料調査の成果に全面的に依拠している。大切な文化財としての古文書の整理・保存を主な目的とした調査か、はたまた、歴史研究のための史料の収集を主な目的とした調査か、試行錯誤を繰り返しながらも、この間、都合四度にわたり科研費を獲得したことによって、黒田地域、山国地域の順で途切れることなく史料調査を続けることができたが、それでも科研費を得られなかった数年間は、若手の大学院生や学生まで含めて、手弁当で調査に参加してくれた。彼ら新旧の調査団メンバーの献身的な協力がなければ、本書は決して日の目を見ることがなかったであろう。

また、古文書所蔵者をはじめとする地元の方々や、「京北の文化財を守る会」の方々、常宿としている京都府立ゼミナールハウスの職員の方々には、調査のたびに大変お世話になった。この二〇年間、あまりにも多くの地元の方々にご面倒をおかけした関係上、お名前のあげ忘れによる失礼があってはかえって申し訳ないため、ここでみなのお名前をあげることは差し控えたいが、黒田地域では、同地の史料調査の間中、陰に日向にいつも私たちの調査に便宜を図って下さった故西静三・故吉田晴吉・津原勇の諸氏のほか、古文書所蔵者の故井本昭之助氏、故菅河誠一氏、山国地域では、日本史についての造詣が深く、私たちが同地を訪れるたびに、良き相談相手となって下さっている高室美博氏、藤野斎のご子孫で、山国神社の宮司のお仕事と護国神社の責任者のお仕事をお務めになられている藤野清臣氏、さらには、古文書所蔵者の故鳥居等氏、故辻啓助氏のお名前だけは、心からの感謝の意を込めて、あえてあげさせていただくことをお許し願いたい。

高志書院の濱さんは遅々として進まない私たちの執筆作業を辛抱強く待ち続け、時宜に応じて的確なアドバイスを下さった。編集作業の打合せを行ったあと、いつも決まって三人で一杯飲みながら、大いに盛り上がったものだが、それは何ものにも代えがたい楽しいひと時であった。濱さんの期待に応えられる本に仕上がったかどうかは、いささか心許ないところもあるが、あとは読者のみなさんの判断にゆだねるしかない。今はただ、一人でも多くの方々が、本書を読んで下さることを祈念するのみである。

二〇一四年二月　　　　著　者

追記　本書は、①坂田を研究代表とする四度の科研費、②二〇一二年度・二〇一三年度における東京大学史料編纂所の一般共同研究(研究代表坂田)、そして、③二〇一一年度〜二〇一三年度における吉岡の科研費(特別研究員奨励費)による研究成果の一部でもある。

【著者略歴】

坂田　聡（さかた さとし）

1953 年生れ、中央大学文学部教授
［主な著書］
『日本中世の氏・家・村』（校倉書房、1997 年）
『村の戦争と平和』（中央公論新社、2002 年）
『苗字と名前の歴史』（吉川弘文館、2006 年）
『家と村社会の成立』（高志書院、2011 年）

吉岡　拓（よしおか たく）

1978 年生れ、恵泉女学園大学人文学部助教（特任）
［主な著書］
『十九世紀民衆の歴史意識・由緒と天皇』（校倉書房、2011 年）

高志書院選書 9

民衆と天皇

2014 年 5 月 25 日　第 1 刷発行

著　者　坂田　聡・吉岡　拓
発行者　濱　久年
発行元　高志書院
〒 101-0051 東京都千代田区神田神保町 2-28-201
TEL03(5275)5591　FAX03(5275)5592
振替口座　00140-5-170436
http://www.koshi-s.jp

Ⓒ *Satoshi Sakata / Taku Yoshioka 2014 Printed in japan*

印刷・製本／亜細亜印刷　装丁／ BowWow
ISBN978-4-86215-135-3

高志書院選書

1 中世の合戦と城郭	峰岸純夫
2 修験の里を歩く―北信濃小菅―	笹本正治
3 信玄と謙信	柴辻俊六
4 中世都市の力―京・鎌倉と寺社―	高橋慎一朗
5 日本の村と宮座―歴史的変遷と地域性―	薗部寿樹
6 地震と中世の流通	矢田俊文
7 聖地熊野の舞台裏―地域を支えた中世の人々―	伊藤裕偉
8 対馬と倭寇―境界に生きる中世びと―	関　周一
9 民衆と天皇	坂田　聡・吉岡　拓
10 戦国法の読み方―伊達稙宗と塵芥集の世界―	桜井英治・清水克行
霊場の考古学	時枝　務
中世西国の武士団と山村・海村	市村高男
系図の中世史	白根靖大
中世の淀川と物流	橋本久和
中世武士の墓	狭川真一
世紀末と経塚の時代	村木二郎
中世陶磁を読む	八重樫忠郎

以下続々刊行

※№なしは刊行予定　各タイトルは仮題です。刊行順不同

各巻四六判・上製カバー・200㌻前後・予価2500円前後（税別価格）